KB110060

경영은
휴먼
엔지니어링이다

경영은 휴먼 엔지니어링이다

발행일   2016년 05월 20일

지은이   백성삼
펴낸이   손 형 국
펴낸곳   (주)북랩
편집인   선일영   편집   김향인, 서대종, 권유선, 김예지, 김송이
디자인   이현수, 신혜림, 윤미리내, 임혜수   제작   박기성, 황동현, 구성우
마케팅   김회란, 박진관, 김아름
출판등록 2004. 12. 1(제2012-000051호)
주소   서울시 금천구 가산디지털 1로 168, 우림라이온스밸리 B동 B113, 114호
홈페이지 www.book.co.kr
전화번호 (02)2026-5777   팩스   (02)2026-5747

ISBN   979-11-5987-059-0 03320(종이책)   979-11-5987-060-6 05320(전자책)

잘못된 책은 구입한 곳에서 교환해드립니다.
이 책은 저작권법에 따라 보호받는 저작물이므로 무단 전재와 복제를 금합니다.

이 도서의 국립중앙도서관 출판예정도서목록(CIP)은 서지정보유통지원시스템 홈페이지(http://seoji.nl.go.kr)와
국가자료공동목록시스템(http://www.nl.go.kr/kolisnet)에서 이용하실 수 있습니다.
(CIP제어번호: CIP2016012052)

성공한 사람들은 예외없이 기개가 남다르다고 합니다.
어려움에도 꺾이지 않았던 당신의 의기를 책에 담아보지 않으시렵니까?
책으로 펴내고 싶은 원고를 메일(book@book.co.kr)로 보내주세요.
성공출판의 파트너 북랩이 함께하겠습니다.

경영은 휴먼 엔지니어링이다

독특한 경영기법으로 중소기업을 키워
코스닥에 상장시킨 백성삼의 살아 있는 경영서

백성삼 지음

북랩 book Lab

무에서 유를 창조한 휴먼 스토리

강 병 중 (넥센타이어·KNN 회장)

　영화 '국제시장'을 본 많은 국민들이 눈시울을 적셨습니다. 배우 황정민이 맡았던 주인공 덕수는 6.25 사변 때 흥남부두에서 부친과 생이별한 이후 부산 피난살이를 하면서 가장家長 역할을 하느라 최선을 다했습니다. 구두닦이부터 시작해 부두 노동자, 파독 광부, 그리고 월남전 당시 근로자로 일하면서 가족들을 지키기 위해 희생했습니다. 비록 영화였지만, 천만 관객의 공감을 얻은 것은 덕수의 삶이 남의 이야기가 아니라, 바로 우리들의 이야기였기 때문입니다.

　백성삼 사장 또한 영화 '국제시장'의 주인공과 다를 바 없습니다. 평안도 용천 천석꾼의 집안에서 태어나서, 공산당에 의해 가산을 빼앗긴 뒤 서울로 왔습니다. 전쟁이 발발하자 온 가족이 피난열차 지붕에 올라타고 눈물을 반찬 삼아 겨우 끼니를 이으며 부산에 왔습니다. 부산 영주동 구봉산 자락 가설 초등학교에서 돌멩이를 의자 삼아, 소나무 가지에 걸린 칠판을 보며 세상 이치를 배웠습니다. 초등학교를 남보다 2년이나 많은 8년이나 다니면서도 그는 좌절하거나 포기하지 않았습니다.

백 사장의 눈은 천리마를 알아보는 백락伯樂과 같았습니다. 주도면밀하게 계획을 세우고 철저하게 실천했습니다. 초등학교 시절 용돈을 아껴 병아리를 키워 닭을 100여 마리나 길렀으며, 열대어의 생태를 면밀히 관찰해 양식을 하였고, 시골 농장에서 호두 농사를 지을 때 청설모의 움직임을 정확하게 파악하였습니다. 이런 관찰력과 실천력이라면 세상 어디에서 무슨 일이든 거뜬하게 해낼 수 있겠지요. 숙부의 권유로 서울 공대 입시를 준비할 때나 미국 연수를 위해 영어 공부를 하고, 일본어와 중국어 공부를 하던 과정은 백 사장의 저력을 유감없이 드러냈습니다.

대학 졸업 이후 학사 장교로 복무할 때 공비 소탕 작전 소대장에 자진 지원할 정도로 애국심이 투철하였습니다. 기술 수준이 낙후했던 1960년대 경험 없던 초급 장교가 통신장비를 척척 다루었던 것은 놀라울 정도였습니다. 대통령의 하계휴가를 지원하기 위해 파견됐을 때나 울진·삼척 무장공비 침투 사건에 투입된 스토리는 우리 근현대사의 한 장면이었습니다.

직장생활도 남달랐습니다. 31세에 공장장 직무대행이 되었는데 승진을 마다하고, 과장으로서 직무에 충실했습니다. 일본과 동남아, 중동을 누빈 그의 여정은 오늘날 우리 대한민국이 있게 된 밑

거름이었습니다.

나는 1990년대 후반 부산상공회의소 회장으로 재임하던 중 울산에 자리잡은 한 자동차 부품업체에 지인과 함께 공동 투자하였습니다. 그런데 경영을 맡았던 지인이 갑작스레 세상을 떠나는 바람에 이 업체를 떠안게 되었습니다. 2~3년 동안 적자가 계속되었습니다. 그냥 줄 테니 가져가라고 해도 인수하는 사람이 없었습니다. 그런 회사를 살린 사람이 백성삼 사장이었습니다. 그는 실용적이며 합리적이었습니다. 대학 졸업 이후 바둑책과 영어책을 제외하곤 전공과목 책을 모두 버렸다고 할 정도로 현실 대처능력이 뛰어난 실전적이었습니다. '휴먼 엔지니어링'이라는 그만의 독창적인 방식으로 관리기법을 만들어 시스템 파워를 구축했습니다. 쉽게 말하자면 그는 무無에서 유有를 창조했습니다.

백 사장과 함께 했던 세월이 하도 오래되어서 분명하지 않았는데, 18년이나 되었다고 하더군요. 모든 직원을 가족같이 모시면서 시스템 경영으로 기업을 반듯하게 되살린 노고를 잊지 않겠습니다. 이 책을 보고서야 험난한 길을 걸어왔던 개인사를 알게 되었네요.

'흙수저'니 '금수저'니 논란을 벌이는 젊은이들이 이 책을 일독하기를 권합니다. 우리 현대사의 애환이 담겼을 뿐 아니라, 기성세대가 피눈물 흘리며 대한민국을 일구어온 과정을 알 수 있을 것입니다. 백 사장, 출간을 축하드립니다.

　　　　　과거 100년의 변화가 현재 10년의 변
화와 맞먹을 정도로 변화무쌍한 IT시대에 좋은 일자리를
찾기 위해서 우리 젊은이들이 성적의 노예가 되어 공부에만 매진
해 왔지만 취업 후에 성적순으로 일을 잘하는 것은 아니다. 왜냐하
면 일에 활용되는 지식의 범위가 아주 좁기 때문이다.

　그리고 기업에서는 이들에게 일을 시키기 전에 많은 교육과 훈련
을 하는 실정이지만 이 또한 정작 일을 할 때는 또다시 교육해야
하며 전문 인력 양성 차원에서 부단히 사내외 교육을 하고 있는 현
실을 부정할 수 없다.

　그러나 이런 교육이 얼마나 업무에 적용되어 생산성 향상 및 품
질향상에 기여하고 있는지 생각해 봐야 할 때다.

　현존하는 제조업 대부분의 기술은 거의 공개되어 있어서 기업에
서는 성적 좋은 사람보다는 일 잘하는 사람이 필요하고, 일 잘하
는 사람보다는 일을 잘할 수 있도록 시스템을 구축할 수 있는 '휴

먼 엔지니어'가 필요한 것이다.

이러한 관점에서 이제부터는 기업이 중심이 되어 기업에서 필요한 인재의 필요요건을 구체적으로 제시함으로써 학력 인플레를 막고 교육의 구조조정을 해 국가 경쟁력을 획기적으로 높일 수 있는 계기가 될 것으로 생각한다.

차 례

HUMAN

Engineering

운명의 갈림길

　　"성삼이, 네가 우리 집안에서
제일 막내인데 우리 집안에 아직 서울대학 출신이 없으니 네가 한
번 해 봐라. 학비는 내가 댈게."

　중학교 교장으로 계시던 숙부님의 말씀을 듣고 나는 놀라기도
했지만 다른 한편으로는 걱정이 앞섰다. 왜냐하면 이제까지 집안
형편이 어려워서 한 번도 대학에 간다는 생각을 해본 적도 없었으
며 성적도 우등상 한 번 타 본 적이 없는 형편으로는 무리하기 짝
이 없는 일이었다.

　게다가 중학교도 재수해 들어간 형편이고 보니 서울대학 그 자
체가 나하고는 아주 거리가 먼 얘기가 아닌가.

　그것도 고등학교 2학년 여름방학에 생긴 일이고 보니 시간도 없
는 상황이었다. 그야말로 어린 나로서는 갑자기 뜬구름 잡는 말씀
을 하신다는 생각에 어안이 벙벙해서 듣고 있었다. 그리고 불현듯

이제까지 살아왔던 나의 지난 시절이 주마등처럼 기억 속에서 되살아나고 있었다.

6.25 나던 해에 청파 초등학교에 입학하자 전쟁이 일어나서 곧 서울은 인민군 치하에 들어갔다. 애들은 학교 가는 대신 동회에 붙잡혀 가서 이북 군가를 배워서 부르기 시작했다. 폭격에 서울은 폐허가 되었고 시청 양쪽 벽면에는 대형 스탈린 초상화와 김일성 초상화가 걸렸고, 시내 곳곳에는 시체가 즐비했으며, 남대문 지하도에 밀어 넣은 시체 썩는 냄새가 온 천지를 진동했다.

서울에는 식량이 바닥나서 먹을 수 있는 풀은 모두 뜯어다 먹고 죽만 쑤어 먹다 보니 사람들은 김일성을 죽 장군으로 부르게 되었다.

서울 수복 후 1.4후퇴 때에 사람들은 인민군 치하 3개월의 악몽을 생각하며 다투어 피난길에 올랐다. 우리 집도 피난 보따리를 꾸려 얼어붙은 한강을 걸어서 건넜는데 나는 밀가루 한 포대로 만든 빵을 지고 갔다. 영등포역에서 피난민 대열에 끼어 군용 화물열차 지붕 위에 타고 엄동설한에 이불 하나를 덮어쓴 채 추위와 굶주림에 떨었다. 터널이 나올 때마다 화차 연기로 가득한 가운데 공습 훈련을 방불케 하는 위험을 무릅쓰며 일주일 만에 부산에 도착했다. 다시 초등학교에 입학하고 거기서 초등학교를 졸업한 후 상경해 용산 중학교에 원서를 냈으나 낙방했다. 후기에 중동 중학에 원서를 냈는데 이번에는 나 혼자 시험 보러 가다가 남대문 역 지하도에서 길을 헷갈려서 헤매다 시험장에 도착하니 벌써 첫째 시험이 끝나 버려서 결국 낙방하고 말았다.

그래서 금양 초등학교 6학년에 다시 들어가 중학교 재수 준비를 하게 되었는데 이때 대단한 선생님을 만나게 되었다.

선생님은 오전에만 수업을 하고 오후에는 시험을 보는데 시험만 보는 것이 아니라 매번 시험이 끝나면 책임점수 미달자는 불러내어 교탁 한쪽에 모아 놓고 교탁을 지나면서 몽둥이로 손바닥을 세 대씩을 때렸다. 다시 차례가 돌아오면서 이번엔 엉덩이를 세 대씩 때린 후 원위치로 가고, 또 오면서 회초리로 종아리를 세 대씩 때리는 예식을 치렀다. 우리들은 이것을 3-3-7 박자라고 불렀다.

이뿐만이 아니다. 산수시험을 볼 때는 시험 보기 전에 눈을 감고 주문을 외우고 시험을 보는 예식을 치렀는데 그 주문은 이렇다.

> 산수는 과학의 근본,
> 과학으로 이 나라 길이 빛내자.
>
> 1. 문제는 자세히 읽고
> 2. 그물을 뚫고 정확한 계산
> 3. 검산은 잊지 말고 되풀이한다.

그리고 산수시험이 끝난 후에 3-3-7 예식을 치른 후에 계산이 틀린 놈은 다시 호출해 또다시 3-3-7 예식을 잊지 않았다.

왜냐하면 계산이 틀린 놈은 아주 악성으로 보고 치료를 해야 한다는 논리였다. 실수야말로 최후에 등수를 결정하고 당락을 가르는 데 가장 중요한 요소가 되므로 기본적으로 실수를 줄이는 습관이 성공의 지름길이라고 강조하시곤 했다.

그리고 암기과목은 교과서의 중요한 단어들을 밑줄 치도록 한 후에 먹물로 지우도록 하고 책을 읽히다가 틀린 애들은 교탁 앞으로 모아 놓고 역시 3-3-7 예식을 치렀다. 그리고 국어 책은 한자 옆의 한글을 지움으로써 책을 읽을 때 바로 한자를 읽도록 훈련을 했다.

그러니까 책 읽는 자체가 ( ) 넣기 시험인 셈이다. 그리고 전과 지도서에 나오는 중요한 도표들은 예외 없이 사진 박아 오라는 숙제를 내 주곤 했는데 그 다음날 백지에 그 도표를 사진처럼 똑같이 그리라는 것이다.

그래서 언제든지 이 도표를 그릴 수 있도록 연습하다 보니 요령이 생겼다.

구름의 종류
새 조 면 산 소 안
(새털구름, 조개구름, 면화구름, 산봉우리구름, 소나기구름, 안개구름)

곤충의 입
씹 잠 매 (씹는 입--잠자리, 매미)
핥 파 벌 (핥는 입--파리, 벌)
빠 벼 메 나 모(빠는 입--벼룩, 메뚜기, 나비, 모기)
뿌 우 마 당 고 무 (뿌리를 먹는 채소--우엉, 마, 당근, 고구마, 무)
줄 토 감 나 양 연(줄기를 먹는 채소--토란, 감자, 나리, 양파, 연)

법정 전염병
콜 페 이 장 파 발 유 티 두
(콜레라, 페스트, 이질, 장티푸스, 파라티푸스, 발진 티푸스, 유행성 이하선염,
디프테리아, 두창)

24절기
입 우 경 춘 청 곡 입 소 만 망 하 소 대
입 처 백 추 한 상 입 소 대 동 소 대
(입춘, 우수, 경칩, 춘분, 청명, 곡우, 입하, 소만, 망종, 하지, 소서, 대서, 입추,
처서, 백로, 추분, 한로, 상강, 입동, 소설, 대설, 동지, 소한, 대한)

한국전 참전국과 병원선 파견국가
미 오 가 영 벨 콜 그 네 뉴 태 에 프 룩 필 터 남 덴 인 놀 스 이
(미국, 오스트레일리아, 캐나다, 영국, 벨기에, 콜롬비아, 그리스, 네덜란드, 뉴
질랜드, 태국, 에티오피아, 프랑스, 룩셈부르크, 필리핀, 터키, 남아프리카공
화국-군대 파견국가 16개국/덴마크, 인도, 노르웨이, 스웨덴, 이탈리아-병원
선 파견 5개국)

하루라도 안 맞는 날이 없다 보니 살아남기 위해 필사적인 노력
의 흔적으로 나만의 암기 방법을 창안해 지금까지 평생 달달달 꿸
만큼 뇌리에 박혀 있을 정도다.

부산 피난시절 한동안 교실이 없어서 산에서 소나무에 칠판을
걸어놓고 수업을 한 적도 있었다. 봄에는 산으로 버찌를 따먹으러
다니고, 여름에는 송도 해수욕장에서 물놀이, 동네 야구, 들에서
메뚜기 여치 매미잡이, 구슬치기, 딱지치기로, 겨울에는 구덕산에
서 산토끼 몰이로 세월을 보냈다. 그러다 중학교에 낙방해 생지옥

같은 재수 생활이 시작되었는데 매일 매일 학교 가는 것이 도살장에 가는 것과 같았다.

월요일마다 등교할 때는 개나리 회초리 10개씩을 가지고 가서 교탁 옆 커다란 통에 가져온 회초리를 꽉 채워 놓고 공포의 일주일이 시작되는 것이다.

이런 가운데에서도 놀던 가락은 있어서 일요일 온종일 놀다가 저녁이 되어서야 교회의 찬송가 차임벨 소리를 들으며 무거운 발걸음을 집으로 향하면서 이제부터 해야 할 숙제를 생각하면 걱정이 머리를 무겁게 짓누르곤 했다.

휘영청 밝은 달밤에 오동추 노래 가락을 들으며 재수생의 처지에 눈물짓곤 했다. 사실 그보다도 계집애들이 고무줄을 하면서 부르는 노래, "중학교에 입학한 우리 오빠는 모자에 반짝이는 중학교 배지, 매일 아침 거울 보고 싱글벙글하면서…" 이 노래를 들을 때마다 재수생의 참담한 심정이 되곤 했다.

이렇게 초등학교 1학년을 두 번 다니고 6학년을 두 번 다니며 재수해 용산 중학교에 들어가서는 광석 라디오를 만들어 보고 2극 진공관 검파 라디오 3극 증폭관 라디오까지 만들어 봤지만 그 이상 하이파이 라디오는 용돈이 부족해 만들어 보지는 못했다.

그 다음은 건축공사장에서 주워온 철근조각을 연탄불에 달궈서 끌을 만들고 나무 조각들을 주워 모아다가 여러 가지 물건을 만들었는데 그 중에서 걸작 품은 의자와 1인용 간이책상이 세트인 일체형 작품이었다. 이것은 의자의 레버를 당기면 3단으로 의자가 젖혀져서 벤치 모양으로 누울 수 있도록 설계된 것으로 주위 사람들로부터 칭찬세례를 받기도 했다.

이렇게 닦은 목공 실력이 바탕이 되어 고1 때는 봄에 식구들이 창경원 벚꽃놀이 간 틈에 집에 혼자 남아 집 천장을 뚫고 들어가 천장과 지붕 사이의 공간에 다락방을 만들었다. 물론 여기에 필요한 자재는 마루방을 온돌방으로 개조할 때 나온 자재로, 면밀한 계획아래 미리 다락방의 치수에 맞게 재단해 놓았던 것으로 한나절 만에 다락방으로 뚝딱 조립할 수 있었다.

2평도 안 되는 좁은 방이었지만 침상에 책상과 의자까지 각목만 몇 개 사고 나머지는 마루방을 온돌로 개조할 때 나온 목재를 재활용해 만들었다. 얼마 후에는 기와지붕을 뚫고 창문까지 달아, 서서 밖을 내다볼 수 있게 완벽한 다락방으로 완성시켰다.

그러나 기쁨도 잠시, 며칠 후 비가 오자 집안이 온통 물바다로 난리가 났고 한동안은 비만 오면 야단맞느라 죄인이 되곤 했다.

그리고 중3 여름방학 때는 원효로에 사는 친구 승호로부터 수영을 배워서 보름 만에 마포 강을 건넜다. 물론 만일에 대비하기 위해 승호가 타이어 튜브를 타고 뒤쫓아와 주었기 때문에 안심하고 강을 건넜는데, 강을 건너 여의도 모래사장에 첫발을 디딜 때 다리가 천근 같은 무게를 느낌과 동시에 주저앉을 듯한 피로감과 함께 느끼는 회열감은 이루 말할 수 없었다.

마포 강은 넓은 상류 한강교에서 흘러내려오다가 마포 강변에서 병목현상으로 좁아지기 때문에 물살이 세고 소용돌이가 심해서 매년 여름에는 익사사고가 몇 건씩 나곤 하는 장소로서 헤엄쳐서 강을 건너면 물살에 한참 떠내려가서 건너편 여의도 모래사장에 닿곤 했다.

그 당시 여의도는 미개발 상태의 섬으로 군사용 비행장이 있었고, 때묻지 않은 깨끗한 모래사장과 멀찌감치 보이는 밤섬에서는 이른 아침에는 희미한 안갯속으로 멀리서 개 짓는 소리와 닭 우는 소리가 어우러져 한 편의 그림 같은 정경을 자아내는 장소였다.

마포 강, 기슭 절벽에는 역사적으로 유명한 절두산 천주교 순교 성지가 있고 이승만 대통령 별장이 있었으며 일제 때 이등방문 별장자리에는 천연기념물 백송도 있는 곳이었다.

그 당시 우리 집은 도원동에 있었는데 걸어서 30분 정도 고개를 넘어가면 원효로 4가에 승호네 집이 있어서 우리는 매일같이 헤엄쳐서 마포 강을 건너가는 재미로 세월 가는 줄을 몰랐다. 심지어는 한강교 주변의 강수욕장에 원정 가서 강을 건너 흑석동 강변에 갔다 오다가 수영장 안전요원에게 붙잡혀서 기합을 받기도 했다.

그 당시 한강교 변 '강수욕장'은 서울 시민이 '뚝섬유원지'와 함께 여름 한동안 수영할 수 있는 유원지였다. 안전사고를 방지하기 위해 안전요원을 배치하고 강변에 안전부표를 설치해 관리하고 있었는데, 안전요원이 출근하기 전에 강을 헤엄쳐 건너 흑석동 강변에 갔다 오는 동안 안전요원이 출근하는 바람에 들켜서 혼난 적도 있었다.

그 당시 한강 곳곳에는, 모래 채취선이 모래를 채취하면서 쌓인 자갈로 여러 군데 섬이 생겼는데 그 섬에서는 더러 한국전쟁 때 불발이 된 녹슨 폭탄이 나오곤 했다. 동네 애들과 같이 스패너를 가지고 섬으로 헤엄쳐가서 뇌관을 분해해 신관에 있는 연필심 모양의 길쭉길쭉한 장약을 신발 주머니에 채워 가지고 왔다. 그 장약으로 불꽃놀이도 하고 우산대를 잘라서 그 속에 장약을 채우고 우산대 끝을 막은 다음 철사로 삼각 지지대를 만들어 지면에 고정시키고 촛불을 켜서 막힌 우산대 밑을 가열시켜 멀리서 숨어서 숨죽여가며 지켜보았다. 우산대가 가열되어 장약이 발화되면 폭발하면서 그 추진력으로 우산대 로켓은 2, 30미터 공중으로 솟아올랐다.

고등학교를 졸업하면 무엇을 해야 하나 문득문득 생각하곤 했는데 어느 날 신문에서 브라질 이민에 관한 기사를 읽고 이민 갈 생각에 골똘해 있었다. 기본적으로 가족 단위의 농업이민이기 때문에 혼자서 갈 수 있는 일이 못 되었다. 그러나 노동력이 부족한 가구에 편입해 갈 수 있다는 사실을 알고 이민 갈 생각을 본격적으로 하기 시작했다.

이민을 가기 위해서는 외국어 능력과 체력이라는 생각에 영어, 독일어는 열심히 하고, 체력단련을 하려고 시멘트로 역기를 만들어 하루에 400번씩 드는 훈련을 했다.

이러고 있는 와중에 숙부님의 그런 제의를 받고 보니 당황하지 않을 수 없었다. 그리고 생각해 보았다. 서울대학에 들어가려면 어떤 전략으로 해야 하는지 또 무슨 과를 가야 하는지 한동안 머리가 복잡해 왔다.

전기과를 지원하기로 마음을 정했다. 왜냐하면 전기에 취미가 있어서 중학교 때부터 동네에서 일어나는 잔잔한 전기 고장은 도맡아서 해결해 왔으며 광석 라디오를 비롯해 2극 검파 라디오 3극 진공관 라디오를 만들어 본 경험이 있고 초인종과 가정용 승압변압기를 만들어 사용해 본 경험이 있기 때문이었다.

그러나 당시에는 공과대학의 인기가 대단해 서울대학의 전체 톱도 공과대학에서 나올 정도로 커트라인이 센 때였으므로 지원을 한다는 것 자체가 무리일 수밖에 없었으나 도전하는 것으로 마음을 정했다.

여름방학이 끝나고 열심히 공부를 하기 시작했다. 그러던 어느 날 갑자기 몸이 붓기 시작해 병원에 가보니 급성 신장염이라는 진단이 나왔다. 고1 때부터 이민 갈 준비를 한다고 이민 가서 농사를 지으려면 몸이 튼튼해야 된다는 생각에서 시멘트로 만든 역기를 하루에 400번씩 드는 운동을 하던 것이 버릇이 되어 계속하면서 공부도 열심히 하다 보니 영양실조에 과로로 발병한 모양이었다.

입시준비는 고사하고 투병생활이 시작되었다. 겨울방학이 시작되어 방안에 드러누워 생각해 보니 기가 막혔다. 공부할 수 있는 천재일우의 기회였는데 운이 따르지 않는 것 같았다. 그 당시 군사정권 초기였는데 국토재건 사업의 일환으로 화전민을 장려하겠다는 계획이 신문에 나서 모처럼의 기회인데 꼭 한 번만 시험 보고 안 되면 이민 갈 체력은 안 될 것 같으므로 화전민을 해 볼 생각으로 마음을 바꿨다.

중학교를 재수해 들어갈 때의 악몽이 되살아나서 대학은 재수할 생각을 포기했다.

다락방

우리 집은 일제 강점기 시절 병원 건물로 쓰던 'ㅁ'자로 연결된 단층 목조 건물을 여러 가구가 분할해 원래는 전부 마루방이었던 것을 각 가구마다 온돌로 개조해 쓰고 있었는데, 우리 집에는 방이 둘이 있었고 하나는 온돌이고 하나는 마루방으로 쓰고 있었다.

온돌방은 어머니와 누님 네 명이 쓰고 마루방은 나와 두 형님 세 명이 쓰고 있었는데, 마루방이기 때문에 세 명이 쓰기에는 좁기도 했지만 겨울에는 너무 추워서 내가 고1이 되던 해에 이것을 온돌로 개조하는 계획을 세우고 있었다. 나는 마루를 해체할 때 이것을 재활용할 수 있도록 조심해 해체하면 이것으로 지붕과 천장 사이 공간에 다락방 하나는 만들 수 있다는 계산을 했으나 식구들한테는 얘기하지 않고 벽에 구멍을 내고 매일 같이 천장과 지붕 사이 공간을 목측으로 측량하기 시작했다. 마룻장을 미리 재단해 두었다가 천장에 올라가서 조립해 단시간에 효율적으로 다락방을 만드는 방법을 연구하기 시작했다.

　드디어 다락방 프로젝트가 완성되었다. 천장 안을 들여다본 결과 우리 집 천장과 복도를 연결하는 튼튼한 서까래가 있기 때문에 그 위에 마룻장을 해체할 때 마루판자를 지탱하고 있던 각목을 깔고 그 위에 마루판자를 깔면 훌륭한 다락방이 나올 수 있다는 계산이 나왔다.

　문제는 이 자재들을 어떻게 천장 위로 올려보내는가인데, 안방의 모퉁이 구석 천장을 사각형으로 사람이 간신히 들어갈 정도의 구멍을 뚫고 그곳을 출입구로 삼으면 될 것 같았다.

　그리고 벽을 지탱해 사다리를 만들어 벽에 붙이면 완벽한 통로를 구축하는 셈이다. 이 작업을 단숨에 하기 위해서는 정확히 설계해 미리 재단해 천장 위로 운반한 후에 그곳에서 조립할 수 있도록 계획을 세우고 틈나는 대로 차근차근 재단해 쌓아 놓았다. 물론 이 모든 것은 식구들과 의논하지 않고 혼자서 계획하고 실행에 옮길 생각이었다.

　상의해 보았자 승낙을 받을 가능성이 없으므로 혼자서 일을 저지를 생각이었기 때문에 매일 학교 갔다 와서는 이 작업에 열중하는 나날을 보냈다. 그러던 어느 날 마침내 기회가 찾아 왔다. 전 식구가 창경궁에 벚꽃놀이를 간다고 하기에 나는 가지 않고 집에 남아서 이 작업을 하기로 했다.

먼저 마룻장을 지지했던 각목으로 사다리를 만들어 벽면에 고정시키고 그 사다리를 타고 천장을 뚫기 시작했다. 천장 위에서 수십 년간 쌓여 있던 먼지로 인해 먼지 세례를 받으면서 사각형의 출입구를 뚫는 데 성공했다.

천장에 막상 올라가보니 먼지 때문에 작업하는 데 많은 애로가 있었다. 어쨌든 각목을 깔고 마룻장을 까는 작업을 계획대로 마쳤다. 이제부터 각목으로 벽을 만들 기둥을 세우고 벽 공사를 하면 그야말로 다락방이 완성되는 것이다.

그 무렵 벚꽃놀이 갔던 식구들이 돌아와서 먼지투성이 된 집안을 보고 난리가 났다. 처음에 야단을 치시던 어머니께서 천장에 깔아놓은 마룻장을 보시고 체념을 하시고 생각대로 해보라고 말씀하셨다.

이렇게 해서 다락방을 꾸미는 작업이 본격적으로 진행되었다. 매일 학교 갔다 오면 다락방 공사장에 올라가서 공사하는데 모든 정열을 쏟아 넣었다. 우선 벽을 만들 각목 기둥을 드문드문 세우고 그 위에 시멘트 포장지를 해체해 몇 겹씩 벽기둥 사이를 발라서 시멘트 포장종이 벽을 만들었다. 그러고 나니 아담한 방 모양의 형체를 갖추게 되었다.

그 다음엔 미리 재단해 두었던 책상과 의자를 올려다 조립했다. 그리고 책상은 미세 황토 분말을 물에 개여 도포를 한 후 며칠 동안 건조시킨 후 그 위에 니스 칠을 하니 멋진 책상이 되었다. 그리고는 각목을 사다가 대패질을 해 침상을 조립하고 보니 그야말로 혼자만의 맞춤 공간인 완벽한 원룸이 되었다.

지붕 밑을 지나고 있는 전선에서 따서 전등도 설치했다. 그야말로 침대 생활에 의자생활의 완벽한 터전을 마련한 셈이다. 너무 기쁜 나머지 설레는 마음으로 잠을 이룰 수 없을 지경이었다. 태어나서 처음으로 환희의 감정을 경험하게 되었다.

거기서 기거한 지 여러 날이 지나고 보니 문제가 생겼다. 아랫방에서 발생하는 냄새와 연탄불의 연기도 모두 다락방으로 모이는 현상을 목격하게 되면서 출입구에 문을 해 달고 문을 닫은 후에 그 위에 담요를 덮어 유해가스를 차단시키는 노력을 계속했다. 그래도 노이로제 기가 생겼는지 불안한 생각은 늘 머리에서 떠나질 않았다.

'그렇다. 해결 방법은 창문을 내는 길밖에는 없다.'

생각이 여기에 미치자 창문 내는 데 다시 몰두하기 시작했다. 지붕을 지지하고 있는 두 개의 서까래 사이의 판자를 걷어내고 그 위의 기왓장을 걷어내면 창문 공간이 나오고 용마루에 의지해 기둥을 세우고 여닫이 창문을 달면 언제든지 환기를 시킬 수가 있을 것 같았다. 곧 실행에 옮겨서 유리 창문이 두 짝으로 나서 밀고 당기면 환기는 물론 전망까지 좋은 훌륭한 다락방이 완성되었다.

그뿐이랴. 전에는 지붕이 낮아서 방안에서 서있을 수가 없었는데 창문이 있는 데서는 이젠 일어서 있을 수도 있었다. 이렇게 해서 침대에 의자 생활을 할 수 있는 완전한 독방을 구축해 행복한 나날을 보냈다.

그런 행복도 잠시였다. 어느 날 집안에서 큰 난리가 났다. 비가 오자 빗물이 새어서 집안이 온통 물바다가 돼버린 것이다. 천장에서 떨어진 빗물을 받아내느라 방안에는 냄비며 세숫대야며 그릇들로 발 디딜 틈이 없었다. 그리고 천장은 물이 먹어 늘어져 배가 불러서 두고두고 이야깃거리가 되었다.

이렇게 해서 지붕 위에 올라가서 방수공사를 하는 데 온 정력을 쏟아 부었으나 도저히 새는 비를 막을 수가 없어서 하는 수 없이 근처에 미장일을 하시는 분 신세를 져서 방수공사가 마무리되었다.

그러나 이런 기쁨도 그리 오래 가지는 않았다. 한여름이 다가오자 지붕이 달아올라 더워지기 시작하면서 오후에는 도저히 견딜 수 없는 어려운 지경에 이르러서 다 벗어 던지고 팬티 하나만 걸치고 살았고 겨울에는 백열전구를 담요로 둘러싸서 난로 대신으로 겨울을 나야만 했다. 이때 단련된 덕분으로 더위에 견디는 데는 요령이 생겨 아직까지 열대야에도 잘 견디고 있는지 모른다.

이런 연유로 만들어진 다락방이 그 이듬해 대입 준비를 하는 데 크게 기여하게 될 줄을 누가 알았겠는가?

도박은 도박답게

　　　　　　　　　　　　대학 진학할 준비가 전혀 되어 있지 않았던 상황에서 서울대학에 들어가면 학비를 대 주겠다는 숙부님의 말씀을 듣고 갑자기 벼락공부를 하다가 과로에 영양실조로 급성 신장염을 얻게 되었다. 입시준비는 고사하고 건강을 회복하기에도 힘겨운 가운데 그래도 공부할 기회가 생겼으니 이번 한 번만 시험을 보고 안 되면 화전민이나 해야겠다는 생각으로 4개월간의 투병생활을 했다. 고3에 올라가게 되어 학교에 가 보니 다른 애들은 벌써 미분 적분을 다 떼고 있었는데 나는 1차 방정식도 풀 실력이 안 되었다.

　하는 수 없어서 진단서를 떼서 담임선생님께 가서 휴학하겠다고 상의를 드렸더니 선생님은 1, 2학년 성적표를 죽 훑어보시더니, "다른 성적은 별로인데 영어 독어 점수는 괜찮으니까 출석일수는 봐 줄 테니 그냥 다니고 내년에 재수를 하는 게 낫겠어."라고 하셨다.

"고맙습니다. 그렇게 하겠습니다. 그런데 수학은 진도가 전혀 맞지 않으므로 한 달간 집에서 자습해 진도를 맞춘 후에 나오겠습니다."

이렇게 말하고 나오는 길에 책방에 들러서 제일 분량이 적은 간단한 수학 참고서를 사가지고 집으로 돌아왔다.

고1때 이민을 가야겠다고 생각하면서 이민 가려면 무엇이 필요한지를 생각 해 보았는데 브라질 농업이민이기 때문에 농사를 하려면 우선 체력이 좋아야 한다는 생각에 체력단련으로 역기를 시작했고 그리고는 브라질이 무슨 언어를 쓰는지 전혀 생각해 보지도 않고 외국이니까 외국어가 필요할 것이라 생각해 영어 독어는 열심히 한 덕분에 오늘 그 성적이 그나마 참고가 되어 휴학은 면하게 된 것이다.

그리고는 매일같이 집에서 수학문제만 한 달간 공부해 간신히 진도를 맞추어서 학교에 가서도 영어와 수학시간을 빼고는 어떤 수업시간이든 수학문제만을 풀었다.

그리고 영어는 일요일마다 집에서 일주일분의 예습을 해 두었다. 그리고 학교에 가서는 수학과 영어 시간 이외는 수학 문제만 풀었다. 중간고사 학기말고사 같은 것은 안중에도 없이 내가 세운 계획대로 진행해 갔다.

서울대학에 가려면 어떻게 해야 하나 하고 생각을 해 보았다. '서울대학에 가기 위해서는 입학시험 점수가 좋아야 한다. 점수가 좋으려면 시험문제를 틀리지 말아야 한다.'는 원칙을 세우고 틀리지 않기 위해서는 시험 보는 연습을 많이 해야 한다는 결론에 도달했다.

'시험' 하니까 문득 떠오르는 선생님이 계시다. 중학교에 낙방해 6학년에 다시 입학해 재수하던 때 그 선생님은 오전에만 강의하고 오후에는 줄곧 시험만 보면서 시험 보는 훈련에 매진하게 했는데, 그 덕분에 우리 반 입학률이 제일 좋았다.

'그렇다. 상륙작전을 하는 거다. 기초부터 차근차근 하기에는 시간이 너무 없다.'

그래서 수학을 뺀 나머지 과목은 교과서를 한 권씩 더 사서 중요한 단어를 지우고 읽어 보는 것으로 시험연습을 했다.

다행히도 영어는 이민 가려고 준비할 당시 보던 참고서와 문제집 덕분에 어느 정도 버팀목이 되었다. 그리고 수학은 참고서 문제 중심으로 계속 틀린 것은 반복해 완전히 맞을 때까지 연습을 했다.

그러나 수학은 순열 조합까지는 그런대로 따라 갔는데 확률 부분에 가서는 문제 하나 푸는데 시간이 많이 걸릴뿐더러 경우의 수가 많으므로 자칫하면 빠뜨리는 경우가 생겨서 다음에 또 맞을지는 확신이 서지 않을 뿐 아니라 분량도 많아서 시간적으로 많은 부담이 되었다.

그렇게 공부를 하다가 어느 날 헌 책방에 가서 지난 3년간의 시험 문제집을 사다가 살펴보니 서울 대학은 순열, 조합, 확률에서 한 문제 정도 나오곤 한다는 점을 발견했다.

그 당시에는 주관식 시험이었기 때문에 한 문제는 배점이 10점을 넘지 않았다. 이런저런 생각 끝에 순열, 조합, 확률을 빼고 나머지를 90점 만점으로 보고 60점을 목표로 하면 합격 확률이 높다는 결론에 도달했다.

이렇게 생각을 정리하고 나니 훨씬 시간적인 여유도 생겼고 수학에 대한 자신감도 살아나기 시작했다. 이렇게 해서 여름방학이 끝날 때까지 수학 참고서를 3번 풀어보게 되었다. 이제부터는 그동안 틀렸던 문제에 표를 해 두었다가 이것만 맞을 때까지 반복해 풀면서 기타 과목을 집중공략하기 시작했다.

여름방학이 끝나고 치른 모의고사에서는 오백 명 중에 150등을 기록했고 그 다음 모의고사에서는 70등을 기록했고 그 다음 모의고사에서는 21등을 했고 그 다음에는 7등을 기록했으며 마지막 모의고사에서는 수석을 차지하게 되었다. 그 즈음 실시된 교내수학경시대회에서는 2등상을 받게 되었고 반에서 수학점수 고득점자 5명을 합산해 단체시상을 하게 되었는데 여기에서는 우리 반이 1등을 차지하게 되었다. 여기서 얻은 것은 순열, 조합, 확률은 예상대로 틀렸어도 모의고사에서는 1등을, 수학경시대회에서는 2등을 기록했다는 자신감을 갖게 된 점이다.

그동안 개근상은 몇 번 받아 본 적이 있지만 공부 잘해서 상을 받기는 이번이 처음이었다. 전교생이 모인 조례석상에서 단상에 올라가서 교장선생님이 주시는 상을 받다니 정말로 짜릿한 전율을 느끼는 순간이었다. 순열, 조합, 확률을 포기한 반면 나머지 부분에 집중했던 전략은 현실적으로 도움이 되었던 것이다. 그러나 한편 생각해 보면 지금 이 성적이 정말로 내 성적일까 하는 의구심이 들기 시작했다.

겨울방학이 되었고 입학시험까지는 한 달 반이 남은 시점에서 내가 할 수 있는 최선이 무엇일까 하는 점에 생각이 미치자 지금부터는 새로운 문제를 더 풀어보는 것보다 지금 이 실력을 시험장까지 유지하는 전략으로 방향을 정리했다.

이제까지 받아온 시험지를 과목별로 모아서 틀린 것만을 반복해 풀면서 대표적인 문제를 뽑아서 과목별로 정리하고 매일 그 문제들만 전 과목을 푸는 연습을 매일 반복해 거의 암기할 정도가 되자 그 다음은 전년도 전국 대학 입시문제집을 사다가 모의시험을 치러보았다.

그리고 배점에 관계없이 총 문제 중에 맞은 것이 몇 %인지 계산해 보았다.

75% 정도의 확률이 되었다. 그러니까 어떤 문제가 나오든 75%는 맞을 확률이 있는 셈이다. 이 정도면 합격하지 않겠나 하는 생각을 하면서 어느 정도 자신감을 갖게 되었다.

체능시험이 문제였는데 병후에 체력이 떨어져 있던 나로서는 문제가 아닐 수 없었다. 100m달리기, 넓이뛰기, 공 던지기, 턱걸이 4종에 40점이 배당되었으므로 합격에 중요한 영향을 주는 요소가 되었다.

이 중에서 턱걸이는 전에 이민 가려고 역기 연습을 했던 덕에 10번 하는 것은 문제가 없었는데 나머지는 문제였다. 매일 오후에는 근처 초등학교 운동장에 가서 체계적으로 연습을 하기 시작했다.

달리기는 스타트, 주행, 피니시로 구분해 분석하고 전략을 세웠다. 시험관이 준비! 하는 예령과 함께 총성을 울리게 되는 데 예령과 총성 사이에 일정한 간격이 있을 것으로 생각되어 -0초에 스타트하는 연습을 마음속으로 수를 세어가며 연습을 했다. 달리는 것은 머리를 젖히고 달리는 것보다 머리를 앞으로 숙이고 달리는 것이 나았고 피니시에 가서는 점프해서 마무리하는 것보다 계속 달리면서 마무리하는 것이 좋은 기록이 나오는 것을 알았다.

이렇게 연습해 14초를 맞추게 되었다.

넓이뛰기는 하체가 약했던 나로서는 풀기 어려운 과제였다.

우선 하체 체력을 보강하기 위해 계단 뛰어오르기를 기본으로 연습을 하고 점프를 한 후에는 발을 최대한 엉덩이에 닿도록 오므려야 발이 땅에 닿는 시간이 길어지므로 멀리 갈 수 있다는 점을 터득했다.

던지기는 손목의 스냅 운동이 관건이므로 이 점을 집중적으로 연습하고 45도 각도로 던지는 연습을 했다.

입학시험 일주일 전부터는 과목별로 뽑아서 외울 정도로 연습했던 문제 중에서 과목별로 50문제씩을 선별해 시험장에서 시험 본다는 생각으로 집에서 고사장에서와 꼭 같은 복장과 준비물도 꼭 같이 준비하고 시험시간과 같은 시간에 같은 과목의 시험을 치르는 연습을 했다.

연필은 미리 깎아서 시험 도중 연필심이 부러지더라도 다시 깎지 않고 즉시 대체할 수 있도록 준비해 상의 윗주머니에 넣어 두었다. 이것은 연필을 책상 위에 여러 개를 놓고 쓸 경우 연필이 굴러 떨어질 경우 시간낭비와 주의력이 산만해지는 것을 방지하기 위함이었다. 그리고 호주머니에는 비상용으로 드링크제 2병과 진통제를 준비해 두었는데 시험 도중 두통이 날 경우에 대비한 것이었다.

그리고 과목별로 10분 동안 요점정리 수첩을 만들어서 시험 보기 전에 효과적으로 정리할 수 있도록 준비했다. 그래서 시험 당일에는 이 수첩만 호주머니에 넣고 맨몸으로 시험장으로 갔다.

영어 시험시간이 되었다. 첫 번째 문제는 독해력 문제였는데 두 줄 가량을 읽어 내려가다가 문득 생각해 보니 내 실력으로는 한 시간은 걸릴 정도로 분량이 많았다. 이것을 다 읽고 4지 선다형으로 4개 문제를 풀어야 했는데 배점을 보니 문제당 4점으로 16점이 배정되어 있었다.

그리고 그 다음 문제는 객관식 문제로서 40문제였으며 배점은 1점씩 40점이 배정되어 있었다. 순간 계산해 보니 56점 만점에 독해력 16점의 비중이 큰 것은 확실한데 내 실력으로 한 시간 걸려서 읽어도 내용을 잘 파악할 수 있을지 자신이 없었고 나머지 30분 동안에 객관식 40문제를 푸는데 시간에 쫓길 것 같았다. 그래서 독해력 문제는 운에 맡기기로 하고 4문제 모두 2번을 찍었다. 확률적으로 1개는 맞을 것이라고 생각했다. 그리고 객관식 40문제는 3번씩 자세하게 충분히 보았다.

시험시간이 끝나고 모두들 주관식 문제에 관심이 집중되어 의견 교환이 한창이었고, 내 짝이자 우리 반에서 1등을 하던 친구가 나에게 묻기에 "난 눈 감고 2번에 찍었다." 하니까 어이가 없다는 표정으로 다른 애들과 답을 맞춰보고 있었다. 그날 저녁신문에 나온 답안을 보니 너무 놀랐다. 눈 감고 찍은 4문제 중에 2문제가 맞은 것이다. 그 반면 우리 반에서 영어를 잘한다는 친구가 1문제밖에 맞지 못했다. 그리고 객관식 40문제 중에서 35문제가 맞았다. 그러니까 영어는 56점 만점에 43점인 셈이다. 괜찮은 점수였다.

수학시험은 주관식으로 13문제가 나왔는데 12문제는 40분 만에 다 풀고 3번을 검산했는데 자신이 있었다. 나머지 1문제는 순열 문제가 되어서 포기하고 있었는데 시간이 20여분 남았기에 문제를 들여다보니 240의 약수는 몇 개인가 하는 문제였다. 순열, 조합까지는 공부하다가 확률에 가서 분량이 너무 많고 경우의 수를 따지는데 시간을 많이 소모하므로 포기했지만 순열문제는 기억을 더듬어 풀어 보기로 했다.

우선 6이라는 숫자를 분해해보고 그 다음 8, 10, 12, 15 등을 계속해서 분해해보다가 지수의 법칙을 유도해내어 풀 수 있었다.

저녁에 신문에 답안을 보니 수학은 만점을 받았다. 그 해에는 수학문제가 쉽게 나와서 공대 합격자의 반 이상이 수학 만점이 아니었나 생각했다. 그러니까 1문제라도 틀리면 떨어질 확률이 높았다. 정말로 천운이 따랐다고 본다.

체능시험에서는 내가 평소에 연습한 대로 성적이 나왔는데 던지기에서 운이 나쁘게도 역풍이 불어서 2점이 감점이 되어 40점 만점에 38점을 맞았는데 최선을 다한 보람이 있었다.

합격, 불합격에 관계없이 시험은 원 없이 잘 보았다고 생각했다. 내가 생각해도 아쉽다거나 실수를 한 점은 없었다고 생각했다.

전기과는 전년도의 경우 커트라인이 아주 높았기 때문에 신문 합격자 발표란에서 먼저 2지망을 했던 조선항공과부터 찾아보았으나 이름이 없었다. 혹시 떨어졌나? 해서 마음을 졸이고 전기과를 보니 거기에는 이름이 있었다.

이것은 나에게 있어서 평생 잊을 수 없는 사건임에는 틀림없었다. 초등학교를 8년 다녔고 6학년을 두 번 다녀 중학교에 들어갔으며 한 번도 우등상을 타 본 적이 없는 사람이 서울대학교 공과대학에 들어갔다는 것은 경사라기보다는 큰 사건이었다. 아무 준비도 없이 있다가 어느 날 불현듯 찾아온 기회를, 뜻하지 않은 병마와 싸워가며 불가능에 가까운 현실 앞에서 그동안 살면서 체험한 모든 것을 동원해 치밀한 계획을 세워 차질 없이 실행에 옮겨서 목표를 달성한 것이다. 이 사건은 그 이후 인생을 살아가는 데 있어서 나에게 많은 자신감을 주었으며 어떠한 역경 앞에서도 흔들림 없이 대처할 수 있는 원동력이 되었다.

이 자신감은 거슬러 올라가면 피난시절 초등학교 5학년 때 학교 앞에서 파는 병아리를 몇 마리 사다가 키웠던 경험에서 시작된다.

매일 좁쌀 모이를 주는 재미로 학교 갔다 오면 병아리 기르는 재미에 빠져 있다가 그 다음에는 걸어서 학교를 다니면서 차비를 모아서 병아리를 사기 시작했는데 그렇게 사 모은 병아리가 100여 마리로 늘어났다.

노란 병아리가 자라면서 흰 깃털이 나고 몸집이 커지기 시작하자 먹는 양이 급속히 늘어나기 시작했다.

노란 솜털 병아리 때는 좁쌀을 주다가 흰 깃털이 나기 시작하면 밥 찌꺼기와 보리쌀을 사다가 삶아서 주곤 했는데 병아리가 중닭이 되자 사료를 감당하는 것이 큰일이 되어 학교 갔다 오면 시장에 나가서 무 배추의 시래기를 수거해다가 사료로 쓰고 생선가게에서 생선 다듬고 남은 찌꺼기를 가져다 칼로 다져서 삶아 주면 훌륭한 사료가 되었다.

그리고 두부를 만들고 남은 콩비지는 식품으로 판매하던 시절이었으므로 사료로 쓰기에는 적당하지 않았으나 양조장에서 나오는 술 찌꺼기는 그냥 얻어 올 수 있었는데 훌륭한 사료가 되었다.

어쨌든 초등학교 5, 6학년 때 닭 100여 마리를 길러본 경력이 있는 셈이다.

재수해 중학교에 들어가며 맛본 쓰라린 경험과 중학교 2학년 때 의자와 책상 세트를 만들면서 레버를 당기면 삼단으로 뒤로 젖혀지는 의자를 만들었고, 중3 때 수영을 배운 지 보름 만에 한강을 건넜으며, 고등학교 1학년 때 내 솜씨로 다락방을 만들어서 내 방으로 사용했고, 브라질 이민을 가려고 준비했던 과정 등 이 모든 경험과 실행력이 동원되어 이루어낸 결과라고 생각한다.

기동 타격대

학군단 소위로 임관해 통신장교가 되어 육군통신학교 교관으로 임명받았다. 국가에서 지급하는 정복에 반짝이는 소위 계급장을 달고 보니 마치 장군 계급장을 단 것 만치 기쁨과 감격은 두고두고 오래 갔다. 무선학부 GRC-26D 무선 통신기의 정비교관이 되어 4개월이 지날 무렵 무장 공비들이 빈번히 출몰해 양민을 해치는 일이 자주 일어나자 이를 저지하기 위해 기동 타격대가 조직되어 간부 요원 차출이 있게 되었다.

후방이기 때문에 전투 병력이 없는데다 더구나 소대장급 장교가 턱없이 부족하기 때문에 전투 병력은 예비사단에서 충당하고 소대장 요원은 통신학교 및 3관구에서 차출하는 방식이 되었다. 그러나 7월 한여름 더위에 위험하기 짝이 없는 공비 소탕작전에 지원자가 있을 리 만무했다.

임관해 교관이 된 지난 몇 개월 동안 주 40시간 강의를 하다 보니 피곤하기도 했지만 따분하고 지루하기도 했다. '가정교사 하느라 대학생활의 낭만도 마음껏 즐겨보지도 못하고 군에 들어와 또 선생을 하다니…' 이런 생각을 더러 하곤 했는데 무장공비 출현이 잦아지자 이를 소탕하기 위한 타격대가 조직되고 이에 필요한 작전요원이 긴급히 필요하게 된 것이다.

그렇다. 이왕 군에 들어온 이상 군인다운 경험을 해 볼 생각으로 소대장에 지원하게 되었다. 이제부터는 통신장교가 아니라 보병 소대장이 되었다. 편제는 예비사단에 소속되어 기동 타격대는 중대규모로 화기소대가 없는 3개 소대로 된 감소 편제로 구성되어 있었다.

우리 기동 타격대가 조직되어 3주간의 산악훈련이 끝나자 2명의 무장공비가 금산군 지구에 출몰했다는 첩보가 접수되어 즉각 기동 타격대가 투입되었다.

작전 지구는 금산군 추부면 마전리로서 기동 타격대는 그때가 여름방학 기간이었기 때문에 추부 초등학교에 지휘본부를 설치하고 작전에 돌입하게 되었다. 나는 2소대장을 하고 있었는데 우리 소대가 수색대로서 선두에 서게 되어 무장공비 예상출몰지역으로 향했다.

소대는 화기분대가 없는 3개분대로 구성되어 있었으며 1개 분대는 9명으로 선임하사 1명 전령 1명으로 1/29 편제로 M2카빈 자동 소총과 1인당 수류탄 2발로 무장되었다.

우리 소대는 민가가 하나도 없는 마전리 산중에서 주간 동안 수색을 했고 저녁이 되어 산중에서 그날 밤을 매복한 채 보내려고 했다. 세 갈래 오솔길이 합쳐지는 지점에 우리 소대는 매복을 했고 소대장과 선임하사가 밤 12시까지 경계보초를 서고 그 다음은 분대장 부분대장 분대원이 교대로 경계보초를 서도록 했다.

내가 12시까지 경계보초를 서고 잠이 들었는데 잠결에 '손들어!' 하는 소리에 잠에서 깨어보니 소대원이 손전등을 켜고 바로 눈앞 오솔길에 엉거주춤 서있는 괴한을 향해 수하를 걸고 있었다. 그런데 괴한은 손은 들지 않고 엉거주춤한 자세로 그대로 서 있었다.

나는 순간 손전등을 켠 것은 우리 위치가 노출되었기 때문에 위험하다는 판단이 서서 앞에 보이는 괴한을 향해,

"손뼉을 계속 쳐라! 손뼉소리가 나지 않으면 쏘겠다!"고 소리쳤다. 그리고 손전등을 켠 병사에게 "손전등 끄고 엎드려!" 하고 소리쳤다.

손전등이 꺼지고 순간 어둠속에서 괴한이 도주하는 모양이 어렴풋하게 보였다. 순간 나는 "쏴!" 하고 사격명령을 내렸다.

이윽고 총성이 요란하게 울려 퍼지기 시작했다. 그러자 소대원 중에서,

"소대장님, 맞은 것 같습니다!" 하는 소리가 들렸다. 나는,

"사격 그만!" 하고 사격중지 명령을 내렸다. 멀리 어둠 속에서 비명소리가 들리고 조용해지기 시작했다.

나는 소대원들에게 다시 지시를 내렸다.

"지금부터 움직이는 물체는 즉각 사격하라!"

그리고 날이 밝기를 기다렸다. 날이 밝자 나는 소대원과 함께 현장을 확인했다. 시냇가에 괴한이 쓰러져 있었다. 몸수색을 해보았는데 바지 주머니에서 감자가 몇 알 나오기에 혹시 비상식량으로 준비한 것이 아닌가 생각하며 수색을 계속했다.

그러나 무장공비라면 당연히 가지고 있어야 할 무기도 없고 러닝셔츠 바람에 아무 증명서도 없었다.

중대장께 상황보고를 했다. 오늘 새벽 2~3시경에 괴한이 나타나서 수하에 불응하고 도주해 즉시 사격을 가해 사망했으며 현장 확인을 하였는데 내 판단에는 민간인으로 추정된다고 보고했다. 중대장으로부터 감시병 1개 분대를 남기고 하산하라는 지시를 받고 작전본부로 돌아왔다.

중대장은 나를 차에 태우고 사단장실로 가서 내가 어제 상황을 사단장께 지도상 사건현장에서 괴한이 출몰해 수하에 불응하고 도주해 사살했다고 보고를 했다. 그랬더니 사단장께서는 임무는 충실히 잘했으니 복귀해 위수지역을 이탈하지 말고 계속 근무에 충실하라고 지시를 내렸다.

오후가 되자 피살자가 민간인으로 판명이 나서 즉각 민군합동으로 현장검증이 진행되었으며 군 CID에서 나와서 소대원을 상대로 당시 상황 진술을 받고 있었으며 당시 현장을 지휘했던 책임자로서 내가 입회해 상황설명을 했다.

설명은 간단명료했다. 작전 지구에 괴한이 출현했고 수하에 불응하고 도주하기에 사살됐다는 내용이었다.

민간 측 담당 검사는 나에게 이렇게 말을 했다.

"지금부터 현장검증을 해서 만약 총알이 가슴 앞쪽에서 맞았으면 소대장을 살인죄로 기소하겠소. 왜냐하면 손을 들고 있는데 쏘았다는 증거가 아니겠소?" 나는 순간 머리가 복잡해졌다.

만약 총알이 앞에서 맞았을 경우 나는 어떤 논리를 전개해야 하나? 그럴 경우 도주하다가 돌부리에 걸려 넘어지다 몸이 돌면서 앞쪽에서 맞는 경우가 있지 않을까? 하는 생각을 하며 현장검증에 입회했다.

부관과 함께 입회하고 있던 부사단장께서 우리 소대 진지에서 괴한이 쓰러져 있는 지점까지의 거리를 재어 보라고 해서 재어보았는데 거리는 약 90m가 되었다.

괴한은 엎어져 있었으며 등에 총알 자국이 하나 러닝셔츠 위에 핏자국과 함께 남아 있었다. 문제는 총알구멍 크기인데 가슴 쪽 구멍이 작으면 총알이 앞쪽에서 맞은 것이고 앞쪽 구멍이 크면 등 뒤에서 맞은 것이 되어 내가 유리한 입장이 되는 것이다.

모두 긴장된 순간을 맞이해 숨을 죽이고 지켜보고 있었다. 사체를 뒤집어 러닝셔츠를 벗겨보니 왼쪽 젖꼭지 밑에 총알 자국이 하나 있었는데 등 뒤의 구멍보다는 훨씬 큰 구멍이었다. 그러니까 총알은 단 한 발 맞았는데 등에서 맞고 심장을 관통해 젖꼭지 밑으로 나온 셈이었다. 총알이 몸을 관통할 때 맞은 자리보다 나오는 자리가 총알이 돌면서 나오기 때문에 구멍이 3배나 커진다는 것을 처음 목격하게 되었다.

그때 입회하고 있던 부사단장께서 동행하고 있던 부관에게 어젯밤 작전 때 사격한 총알 수를 파악하라는 지시가 있었고 우리 소대원들은 어젯밤 사격한 총알을 파악해 보니 정신없이 많이 쏜 줄 알았는데 겨우 28발밖에 쏘지 못했다는 것을 확인하고 부관에게,

"야간사격에서 28발을 쏘아 90m 지점의 목표물에 명중했다는 것은 대단한 사격솜씨다. 소대장을 표창 상신하라."고 지시를 내렸다.

나중에 안 일이지만 사살된 괴한은 그 해에 마늘이 흉작이 되어서 마늘 값이 폭등하자 마을에서 마늘을 훔쳐가지고 가다가 불상사를 당한 것으로 밝혀졌다.

이 사건으로 보통군법 회의에서 당시 작전 상황에서 불가피한 작전명령으로 인정되어 불기소 처분을 받고 사건은 종료되었으나, 정신적 충격이 큰 나는 더 이상 작전에 참가하는 데는 어려움이 많으므로 원대복귀를 중대장께 상신했다. 군의관의 소견서를 받아오면 처리하겠노라는 말씀을 듣고 군의관께 가서 자초지종을 얘기

했더니 군의관이 대전에 있는 63육군 병원에서 입원소견을 받아오
면 처리하겠다고 했다. 이렇게 하여 한 달간 입원 생활을 하고 통
신학교에 원대복귀하게 되었다. 이것으로 무장공비 소탕의 꿈은
이루지 못하고 말았다.

귀관! 육사 출신인가?

　　　　　　　　　무선 학과장인 김 대위께
서 부르시기에 갔더니 '백 소위, 당신 육군본부 통신감실에서 아
마 호출이 있을 거야.' 하면서 자기가 며칠 전에 통신감실에 호출되
어 갔는데 미국에서 신형 무선기가 도입되었는데 개통하라는 지시
를 받고 자기는 할 수 없다고 보고를 하니까 그럼 누가 할 수 있냐
고 하기에 백 소위가 할 수 있다고 하고 왔다는 것이다. 그러니까
곧 나를 호출할 것이라는 내용이었다. 다음날 무선학부장께서 부
르시더니 내일 육본 통신감실에 가서 통신감님께 신고하라는 지시
를 받고 그 다음날 통신감 이춘화 장군께 신고를 했다.

"귀관이 백 소위인가?"

"예, 그렇습니다."

"그래? 이번에 미국에서 신형 SSB무선 장비 GRC-106가 도입됐는
데 자네 개통할 수 있나?" 하고 묻는 것이었다.

"장비의 TM(Technical Manual)은 있습니까?" 하고 내가 답변하자,

"있다."고 말씀하시기에 나는,

"예, 할 수 있습니다."라고 대답했다. 사실 이 장비는 본 적도 없지만 통신학교에서 미 육군 TM을 다루어 본 적이 있기 때문에 주저없이 답변을 했다.

"그래? 양 대령! 이 사람 데려가서 일주일 내에 개통하라!"는 지시를 받고 통신과장 양 대령과 함께 통신과 사무실로 갔다.

"백 소위 자네, 서 중령이 지금 휴가 중이니까 그 자리에 앉아서 일주일 내에 개통하도록 하라!"고 지시를 내렸다.

육군본부라고 해서 규모가 굉장한 줄 알고 한참 주눅이 들어서 왔는데 와서 보니 육군 전체 통신을 관장하는 부서라기에는 자그마한 규모의 사무실에 대령급 과장 1명 중령급 계장 2명 소령급 계원 5~6명이 전부여서 위관급 장교는 아예 편제에도 없었다.

중령자리에 앉아서 잠시이기는 하지만 일을 하게 되었는데 군대라는 계급사회이다 보니 좀 어색하기 짝이 없었다.

TM을 받아보니 금방 개통할 수 있을 것 같았다, 그렇지만 만일의 경우에 대비해 여러 번 반복해 확인을 하였는데 문제가 없다는 결론을 내리고도 좀 시간을 벌 생각으로 또 이왕 서울 집에서 육본을 출근하게 된 영광을 좀 더 누리기로 하고 이틀 동안 TM 전체를 살펴보았다.

GRC-106 SSB 무선기는 대단한 장비였다. 사단급 무선통신장비로 2.5톤의 트럭에 탑재해 운용하던 출력 400W 진공관식 통신장비 GRC-26D를 292석의 트랜지스터로 100W의 소형 경량화하고 지프차에 장착해 발전기 트레일러를 부착해 운용되도록 되어 있었다.

삼 일째 되는 날 개통을 했다. 이렇게 되자 통신감 이춘화 장군께서는 긴급히 브리핑 차트를 만들어서 나를 데리고 육군참모총장 김계원 대장 앞에서 브리핑을 했다.

"이번에 새로 도입한 GRC-106 SSB통신장비는 기존 진공관식 GRC-26D 장비를 트랜지스터화한 사단급 장거리 통신장비로서 출력 100W 통달거리 1만 8천 마일로 월남까지 직접 통신할 수 있는…"

이렇게 신형장비의 장점을 열거해 가며 브리핑을 계속하자 참모총장께서는,

"그러면 육본과 부산의 군수기지 사령부를 내일 아침 10시에 시험통화 하도록 하라."는 명령이 떨어졌다.

이런 지시를 받고 나는 육본 작전상황실에 장비 1대를 약속된 주파수에 맞춰 가동시켜 놓고 운용 통신병에 인계한 후 장비 1대를 불출 받아 용산역으로 향했다. 군부 고위층의 관심사가 컸던 만큼 경비도 걸맞게 헌병 2명의 호위를 받으며 군용열차를 타고 밤새 달려 새벽에 부산진역에 당도하니 역 앞에는 군수기지 사령부에서 나온 쓰리쿼터가 대기하고 있었다.

군수기지 사령부에 장비를 설치해 육본과 시험통화를 성공적으로 마치고 통신감실로 돌아와서 통신감님께 보고를 하자 통신감께서는,

"백 소위, 수고했어! 자네는 이제부터 여기서 근무하라. 직책은 연구관이다."라는 지시를 받고 통신과에서 그날부터 근무하게 되었다.

며칠 후 통신감께서는 나를 차에 태우고 보안사령관실로 가서 사령관 김재규 장군께 신형 장비의 브리핑을 하고 보안사령부의 제주도, 청주와 사령부의 통신망을 현재 낙후된 전신부호 송수신 체계를 신형장비로 교체해 획기적으로 개선하겠다는 보고를 마치면서 통신체계가 안정될 때까지 1개월간 백 소위를 파견근무토록 하겠다는 조치로 그날부터 보안사령부에 파견근무를 하게 되었다.

이러한 모든 조치가 인사명령 없이 구두로 실행되고 그에 따라 단기복무자로서는 상상하기도 어려운 육본과 보안사령부에 파견 근무긴 하지만 새로운 경험을 하게 되었다.

이것이 소위 말해서 비파(비공식 파견)라는 형태의 근무로서 실제로 적은 통신학교에 올라 있고 근무는 육본 통신과에서 하는 것이다. 그럴 수밖에 없는 것이 육본에는 장성급의 부관 이외에는 위관급 장교의 T.O.가 없어서 정식으로 인사발령을 낼 수 없기 때문이었다.

연구관이라는 보직을 받기는 했지만 실제로 구체적인 업무가 주

어진 게 없어서 많은 시간을 미 8군에서 받은 기술 자료들을 보는데 시간을 보냈으며 주한 미국 군사고문단에서 군사원조 장비 품목 조정회의가 열리면 참석해 기술 자문역을 하는 것이 그나마 유일한 업무였다.

신형무선장비를 개통한 위력을 실감했다. 왜냐하면 학군단 장교는 단기복무자이기 때문에 후방배치를 받기 위해서는 후방부대의 T.O.가 드물기 때문에 후방 발령을 받기도 어려운데 육본에 근무하게 되었으니 비파이긴 했지만 모두들 부러워하는 분위기를 실감할 수 있었다.

갑자기 사무실 분위기가 어수선하더니 통신과장 주재로 징계위원회가 열리고 있었다. 내용은 어젯밤 전방에서 C.P.X.군사작전 중에 야간 통신두절로 작전에 막대한 지장을 주어서 그 책임소재를 따지기 위한 회의였다.

분위기가 심각해지면서 장비의 이상은 없는데 통신병도 제대로 운용했는데 통신이 안 되었으니 전방의 통신대대장인 김 중령이 책임을 지지 않으면 안 되는 상황으로 가고 있었다.

나는 징계위원회 위원은 아니었지만 통신과 사무실에서 열리다 보니 다른 데 갈 데도 없어서 그냥 듣게 되었는데 듣고 보니 대대장 책임은 아닌 것 같았다. 그래서 한 말씀 건의를 하게 되었다.

"과장님, 이건 제 소관은 아니지만 어젯밤 통신이 안 된 것은 제

가 보기에는 야간 주파수가 잘못 할당된 것 같습니다."하고 말을 하자 통신과장은,

"뭐야, 자네. 이 사람아 무슨 근거로 그런 말을 하나?" 하고 나를 쏘아보며 말씀을 했다. 참석했던 모든 시선이 나에게 쏟아지고 있었다.

"과장님, 이것은 미 8군에서 내려온 프로파게이션 차트인데 이 표에 의거해 계산하면 어젯밤 작전시간대의 주파수는 높기 때문에 통신이 안 된 것 같습니다."

내가 이렇게 답변하자 주위의 위원들의 아연실색하는 표정들을 역력히 읽을 수 있었다.

사실 회의에 참석했던 위원 중 어느 누구도 이 자료를 읽어 본 사람은 없었기 때문에 내가 이 자료를 제시하자 모두들 한 방 얻어 맞은 듯한 표정들이었다. 그럴 수밖에 없었던 것은 이 자료는 캐비닛 속에서 먼지 쌓인 채로 있다가 내가 한가해 읽어 보게 되었는데 이 자료는 미 국방부에서 전 세계 미군을 대상으로 지구 전리층의 변화에 따라 변하는 세계 각지의 계절별 월별 시간대별 가용 통신 주파수를 설정해 작전에 적용할 수 있도록 매년 1회씩 전 세계 미군에 배포한 자료로서 우리는 미 8군으로부터 이 자료를 받고 있지만 매월 주파수 할당을 미 8군에서 받아와 사용하기 때문에 아무도 이 자료를 가지고 확인해 볼 필요가 없었던 것이다.

내가 통신과장 앞에서 이런 내용을 설명하고 있는 동안 모두들

아연실색한 표정으로 나를 바라보고 있는 가운데 통신과장이 결심을 내린다.

"그럼 지금부터 백 소위, 자네가 계산한 주파수로 오늘 밤 작전을 하고 본건은 내일 결론을 내린다. 이상!" 하고 회의 중단을 선언했다.

이렇게 되고 보니 내가 큰일을 저지른 것 같아서 불안해지기 시작했다.

통신과에 근무하면서 시간이 많이 남다 보니 캐비닛에 방치된 자료들을 보다가 흥미가 생겨서 읽어 본 것뿐이고 통신과 영관급 장교들은 이 자료를 다들 알고 있는 줄 알고 내가 얘기하면 같이 검증할 줄 알고 얘기를 했는데 이런 상황까지 왔으니 그 자료가 정말 맞는지 내가 당황하게 될 수밖에 없었다.

내 일도 아닌데 괜히 끼어든 게 아닌가 하고 후회도 했다. 더구나 통신기를 가동해 야전에서 주파수의 시간대별 거리별 통신을 경험해 본 적이 없었던 나로서는 이론은 실제와 항상 차이가 있다는 점을 생각하고 내가 제시한 주파수도 통신이 안 되었을 경우 나는 어떻게 되는가 하는 생각이 들자 불안하기 짝이 없어서 밤한 숨 못 자고 아침 일찍 출근해 당번병에게 어젯밤 작전결과를 물어보니 어젯밤에는 내가 제안한 시험주파수로 통신이 꽝하고 터졌다는 것이다. 이 얘기를 듣고 온몸에 후유, 하고 식은땀이 나는 전율이 느껴왔다.

그날 통신감실에서는 대 난리가 났다. 그도 그럴 것이 야전에서 오랫동안 실무경험과 연륜이 쌓여 영관급 통신장교가 되어 육군 통신의 총괄 지휘부에 앉아있는 분들이 야전 실무경험이 전혀 없는 임관한 지 일 년밖에 안 된 새까만 소위에게 허를 찔렸으니 체면이 정말 말이 아니었으나 해결책이 나왔으니 그날부터 작전에 아무 문제 없이 수행되어 통신감실에서도 체면이 서게 된 셈이 되었다.

그도 그럴 것이 대대장이 무엇을 잘못해 통신이 안 되었는지 밝힌 다음 처벌을 해야 되는데 단지 통신이 안 되었다는 결과만을 가지고 책임을 묻기에는 좀 무리가 있었고 또 처벌을 받고 후임자가 와서 문제가 해결되면 다행인데 후임자가 와서도 문제는 그대로 남아있을 가능성이 높고 처벌하는 것만이 해결책이 못 되는 상황에서 문제가 해결되었으므로 통신감실의 체면도 서게 되어 이 사건은 조용히 끝나게 되었다.

결과적으로 내가 한 일이 얼마나 엄청난 일이었는지 실감하게 되었다.

이 일이 있고 나서 한 달쯤 지났을 무렵 통신과장이 부르시기에 갔더니,

"백 소위, 무선 담당한 소령이 다음 달 예편할 예정인데 그 업무를 자네가 인계받도록 하라!"는 지시와 함께 미국도 보내 주겠다는 언질도 있었다.

나는 뒤통수를 한 방 맞은 듯 잠시 머뭇거리면서 생각을 가다듬

어 보았다. 순간 이렇게 되면 말뚝(장기복무)을 박아야 하는 게 아닌가? 하는 생각이 들어서 시간을 좀 벌어야겠다는 생각에서,

"과장님, 제가 지금은 통신학교에 소속이 되어 있고 제가 관리하고 있는 장비 자산을 정리해 인계하고 오겠습니다. 그리고 내일은 집에서 짐 정리하고 갔다 오겠습니다." 이렇게 말씀드리자,

"그러면 내려가서 인계인수하고 오라."는 허락을 받고 다음날은 해수욕장에서 하루를 쉬면서 생각해 보니 정말로 상식적으로는 있을 수 없는 일이 전개되고 있는 것이다. 야전에서 실무경험이 전무한 내가 어쩌다 한 일인데 이번 사건으로 마치 내가 무선통신의 귀재인 양 인식된 모양으로 발전되어 내 자신이 생각해도 곤혹스럽기 그지없었다.

첫째로 소령이 하던 업무를 소위가 인계받을 수 있는 인사 체제가 없는데다가 내가 하던 일을 인계인수하는 데도 어떤 절차가 필요하므로 시간이 걸릴 것이고 나 같은 단기복무자가 그런 중요자리를 맡으려면 필연코 장기 복무를 신청하지 않으면 안 되지 않겠나 하는 복잡한 생각을 하면서 불안한 심정으로 다음날 통신학교로 복귀하러 갔다.

정문에 당도하자 위병소에서 위병이 하는 말이 "백 소위님, 지금 바로 교장실로 가서 교장님께 신고하십시오. 교장님이 찾으십니다." 하는 얘기를 듣고 급히 교장실로 가서 학교장 유승문 대령께 신고를 했다.

그때 교장님은 전화를 받고 계시다가 내가 들어오는 것을 보고 잠시 전화를 끊고 나를 보고 대뜸 하시는 말씀이,

"자네 왜 이제 오나? 어제부터 감실에서는 자네 찾는 전화가 빗발치는데 이거 어떻게 된 거야?" 하고 불호령을 내리신다.

"내려올 때 통신과장님께 집에 들러 짐 정리를 해 오늘 귀대하겠다는 보고를 올리고 오는 중입니다." 이렇게 말씀드리자 교장님께서는,

"그래, 그럼 너, 이 전화 한 번 받아 봐!" 하며 전화기를 나에게 돌려주신다. 나는 전화기를 받아 들고,

"백 소위, 전화 바꿨습니다."

"나, 행정실장 최 중령인데 너 이놈 X놈 XX 어디 갔다 이제 나타났어?

널 찾느라고 어제 하루 종일 서울시내 백씨 전화를 다 걸어 보느라고 손가락이 다 부르텄는데 너, 인마 오늘까지 연락 안 되면 지금 탈영보고를 올리려던 참이야. 어쨌든 내일 아침 08시까지 1군사령부 통신부장 강태홍 장군께 시간 엄수해 신고하라! 차질 나면 탈영 처리한다. 알았나?" 하며 전화가 철커덕 끊는 소리가 귓전에 들린다.

잠시 영문도 모르고 당한 목소리가 귓전에서 맴도는 가운데 교장께서는 자신도 잘 모른다며 이유 불문하고 내일 아침 08시까지

1군사령부 통신부장 강 장군께 신고하라는 지시를 받고 나는 그 길로 사무실에 들러 과장님께 인사드릴 겨를도 없이 대전역으로 향했다.

지금까지 출장증이나 아무 문서 없이 돌아다닌 셈인데 역에 출입할 때나 열차에서 검표를 할 때마다 조금씩 간장하곤 했는데 이번엔 용기를 내서 내가 TMO에 들러 수송관에게 지금 구두명령을 받고 긴급출장 중인데 내 소속 인적사항을 적어주고 필요하면 무임승차 적발보고를 해도 좋다고 자진신고를 하고 통일호에 승차를 했다.

서울역에 도착해 청량리역으로 가서 중앙선 야간열차를 타고 원주로 향했다. 새벽녘에 원주에 내려서 1군사령부 통신부장 강태홍 장군께 08시 정시에 신고를 했다. 강 장군은 내 신고를 받고,

"지금부터 명령을 한다! 백 소위는 GRC-106 무선 통신기를 이용해 유무선 통합통신망을 구축해 서울 시내 전화를 할 수 있도록 하고 내일 아침 09시에 연병장 사열대에서 사령관께서 시험통화를 할 수 있도록 준비한다. 이에 필요한 장비 인원은 통신 대대에서 지원한다."

이렇게 지시하고 통신대대장 김 중령에게 모든 지원을 해 차질 없도록 하라고 당부했다. 이것은 그냥 지시가 아니고 명령이기 때문에 사안이 중대하다는 점은 인지하겠으나 아무리 장군이라고 하지만 지위체계도 아닌 명령을 내릴 수 있는지 사전에 아무 예비지식 없이

이런 명령을 받고 보니 어안이 벙벙해 한동안 멍해 있었다.

말로만 듣던 유무선 통합통신을 실무경험이 전혀 없는 새까만 소위에게 맡기다니 정말로 어이없는 일이었다. 그것도 1군사령관 서종철 대장께서 시험통화를 하시겠다니 앞이 캄캄했다. 더구나 군 통신망끼리 연결하는 것이 아니고 군 통신망과 민간전화선이 연결해서 유무선 통합통신망을 구축하라는 것인데 전혀 감이 서지 않았다.

그래서 통신대대장 김 중령과 유무선 통신장교들과 회의를 열어서 방법을 점검해 보았다. 먼저 군 유선망을 이용해 1군사령부에서 육본까지는 장거리 통신망이 있고 육본에서 서울 시내전화는 육본 교환수를 통해 연결할 수가 있었다. 그러니까 1군교환대와 무선 통신기를 연결해 작전 중인 다른 무선 통신기에서 서울 시내 전화를 할 수 있는 방법이 생겼다.

문제는 1군 교환대와 무선 통신기를 연결하는 장치가 있어야 하는데 여기에 꼭 맞는 어댑터를 찾아보았다. 신형 무선기이기 때문에 기존 장치와 호환성이 있을 지 의문이었으나. 여러 가지 어댑터를 가져다가 맞춰 보았다.

그러다가 꼭 맞는 어댑터를 찾아냈다. 컨트롤 박스 C-434가 신형 SSB 무선 통신기 GRC-106에 꼭 맞았다. 이 컨트롤 박스에서 유선단자를 교환수와 연결하면 육본 교환수를 통해 서울시내 전화를 연결할 수 있는 것이다.

이제부터 장비를 가동해 시험을 해 보았다. 통신기에 있는 전화기로 1군 교환수를 불러 육본 교환수를 통해 서울시내 전화를 연결하고 이것을 작전 중인 다른 무전기에 중계해 시험 통화는 완벽하게 수행되었다.

하루 종일 마음 졸인 상태에서 일비일희하며 천당과 지옥을 오가는 심정으로 식사도 거르며 매진하다기 저녁 무렵에야 드디어 결말을 보자 솟구쳐 오르는 희열을 참아가며 모든 것을 대대장께 인계하고 잠이 들었다.

이튿날 아침 나는 장비를 가동시켜 대기하며 감청을 하고 있었는데 아무런 교신이 포착되지 않아서 걱정을 하며 노심초사하고 있는데 대대장이 얼굴이 하얘가지고 나타나서 장비가 작동이 안 된다는 것이다.

황급히 연병장 사열대에 준비 중인 장비를 점검해 보았다. 계기판의 전압이 28볼트는 돼야 하는데 14볼트로 뚝 떨어져 있었다. 이것이 원인인 것 같았다. 원인은 금방 확인이 되었다. 장비는 지프차에 설치되어 있고 트레일러에 발전기가 장착되어 있어 발전기의 소음을 줄이기 위해 트레일러를 떼어서 연병장 50메타 뒤쪽으로 격리시켜 놓아 전선의 길이가 길어져서 전압강하가 생겨 장비가 작동이 되지 않은 것이다.

그래서 대기 중인 내 장비를 긴급 대체해 사령관의 시험통화는 무사히 성공적으로 마치고 통신부장 강태홍 장군실에서 신형장비

GRC-106의 프레젠테이션을 하게 되었는데 사전에 아무런 준비한 것이 없었기 때문에 기억나는 대로 알기 쉽게 현행 사용하고 있는 장비의 제원과 비교해 가면서 장비의 제원과 변조방식, 출력, 통달거리, 현행장비와의 호환성 등을 비교해가며 설명을 하자 강 장군은 나에게,

"귀관 육사 출신인가?" 하고 물으신다.

"아닙니다. 학군단 출신입니다."

"그래? 임관한 지 얼마나 됐나?"

"1년 됐습니다."

"그런데 그 많은 현행장비를 어떻게 그렇게 많이 알고 있나? 내일 군단 통신대장들을 소집해 놓을 테니 신형장비에 대한 교육을 시키고 귀대하도록 하라!"고 지시를 받았다.

1군 사령부에 1주일간 머물면서 군단통신 대장들을 교육시킨 이외는 별다른 일 없이 작전 중인 장비의 대기조로서 감청 역할을 수행하고 있었으나 작전의 내용은 알 수가 없었다.

작전이 끝나고 귀대하는 날 관계자에게 이번 작전의 내용을 물었는데 내용은 박정희 대통령께서 화진포에 하기휴가 중에 비상사태에 대비한 예비 통신망으로 운용한 작전이었다는 것이다.

백 소위, 무운을 비네!

신형 SSB 무선통신장비 GRC-106 장비를 가동시킨 것이 계기가 되어 육본 통신감실 및 보안사령부에 파견 근무를 하게 되었고 그 기간에 전방에서 일어난 작전 중 통신 불통 사건을 해결하는가 하면 대통령께서 하기 휴가지에서 휴가 중의 유사시에 대비해 비상통신망으로 유무선 통합통신망을 성공적으로 구축해 졸지에 무선통신 전문가로 인정받게 되는 와중에 이 춘화 통신감께서 소장으로 진급하게 되었고 이윽고 전략통신 사령부를 신설해 전시에 탄력적인 작전의 유연성을 높일 계획을 발표했다.

그 핵심에는 SSB 중대가 창설되어 내가 초대 이동 소대장으로 임명을 받았다. 이동소대의 임무는 지프에 GRC-106가 장착된 8대의 무선차량으로 전시에 참모총장을 비롯해 8명의 장군이 이동 중에 지휘할 수 있도록 무선통신을 지원하는 임무를 띠고 있었다.

임관한 지 1년 6개월밖에 안 된 단기복무 장교에겐 참으로 과분한 조치가 아닐 수 없었다.

68년 11월 30일 저녁, 육본 작전 상황실에서 주번사관으로 당직 근무 중 안동 36예비사단으로부터 긴급 상황이 접수되었다. 내용은 수 미상의 무장공비가 울진에 출현해 추적 중이라는 내용이어서 즉시 당직사령에게 보고를 했다.

이 보고는 즉시 참모총장께 보고되었고 심야에 40여 명의 장성들이 모여 비상작전 회의가 열렸다.

회의결과 작전명령이 하달되었고 내가 소속되어 있던 육군본부 통신운용대대 대대장의 긴급 호출을 받고 다녀온 중대장으로부터 "백 소위는 무선차량 2대와 병사 6명을 출동준비를 하고 대기하라!"는 명령을 받고 M2 칼빈 소총과 수류탄으로 무장하고 탄약과 비상식량을 준비해 긴장하며 대기하고 있었는데 새벽녘에 여의도 비행장으로 이동하라는 지시를 받고 비행장으로 향했다. 그 당시는 여의도가 군용 비행장으로 사용하고 있을 때였지만 한 번도 가본 적은 없었다.

새벽 5시경에 어둠을 뚫고 차가운 초겨울 칼바람을 맞으며 여의도비행장에 도착하자 "백 소위는 울진무장공비 출몰현장에 투하해 육본과의 무선통신망을 구축하라!"는 작전명령이 떨어졌다.

이윽고 2대의 치누크 헬리콥터가 평택 미군기지에서 날아왔다.

우리 대원들은 정렬해 대대장께 출동신고를 했다. 그러자 대대장께서는 악수를 하면서 "백 소위! 무운을 비네!" 하면서 우리들을 전송했다.

헬리콥터는 대형이어서 지프차가 트레일러를 달고서 운전해 들어갈 만큼 넓었다. 헬기가 굉음을 내면서 이륙해 서울 시내의 불빛들이 점점이 멀어지며 어둠속으로 사라지고 있었다. 그러고 보니 집에 연락할 틈도 없이 작전에 참가하고 있다는 생각을 하면서 문득 제대가 몇 개월밖에 남지 않았는데 하는 생각이 미치자 마음이 불안해지기 시작했다.

학군단 장교로 임관해 통신학교에서 교관 생활을 하고 있던 중 무장공비가 자주 후방에 출몰하게 되자 이를 격퇴하기 위해 기동타격대를 창설하게 되어 소대장 요원에 자원해 1개월간의 산악훈련을 마치고 2명의 무장공비가 출현한 금산군 추부면 지역에서 실전경험을 한 적이 있어서 이때부터 무장공비하고는 인연이 있었는데 이번에 또 무장공비 현장에 가게 되고 대대장의 "백 소위! 무운을 비네!" 하는 격려의 말씀에 가슴이 뭉클해지는 묘한 기분이 들었다.

지금까지 군대 생활을 하면서 드라마 같은 사건의 연속이었으나 아직까지는 그래도 다행히 잘 왔는데 이번에는 앞을 가늠하기 어려운 상황이어서 운에 맡기는 수밖에는 없다고 생각을 정리했다.

이렇게 생각하느라 생전 처음 타보는 헬기 내부의 주변을 살필 여가도 없었는데 주변이 생각보다는 시끄럽다고 생각하면서 주위를 살펴보니 실내에 장착된 발전기의 소음 때문이었다. 그리고 밀폐가 되어 있지 않아서 바람이 사방에서 들어와서 몹시 추웠다. 헬기는 미군 흑인 준위가 조종하고 있었는데 긴장하고 있는 우리들을 보고 한 눈을 찡긋하며 "Hey! How are you doing?" 하며 말을 건넨다. 내가 "We are all right." 하고 대답하자 보고 있던 플레이보이 잡지를 주면서 긴장을 풀고 보라고 한다.

그러는 동안에 헬기는 태백산맥을 닿을 듯 말 듯하면서 넘어가자 멀리 동해에서 먼동이 터오고 있었다.

헬기는 우리를 해안가 모래사장에 내려놓고 우리를 향해 "Good luck men!" 하고는 쏜살같이 모래 먼지 회오리바람을 일으키며 돌아가고 있었다.

우리는 즉시 무전기를 가동시켜 육본에 착륙지점의 좌표를 보고했더니 현 위치에서 2시간 자체방어를 하고 있으면 2군사령부에서 지원 병력이 도착할 것이라는 지시가 하달되었다.

모래사장 주위의 소나무 숲에 은폐해 자체방위를 하며 대기하고 있는데 멀리 해안도로를 따라 군 병력을 실은 트럭 행렬이 새벽 찬 바람을 뚫고 뽀얀 흙먼지를 일으키며 다가오고 있었다. 선발대가 우리가 은폐하고 있던 장소에 지휘소를 설치하고 즉시 작전을 개시했다. 이 장소가 나중에 알고 보니 그 유명한 정철의 송강가사에 나오는 망양정이었다.

얼마 후에 헬기가 착륙하고 2군 사령관 한신 장군이 내려 지휘소에서 작전을 지휘하기 시작했다. 우리 임무는 육본에서 하달되는 작전명령을 지휘부에 전달하고 작전상황을 육본에 전달하는 임무를 맡았다. 아군의 첫 번째 전사자가 나왔다.

공수부대 상사였는데 유해는 헬기로 병원으로 운구되었고 본인이 쓰던 총은 모래사장에 꽂아 놓고 그 위에 철모를 씌워 영화의 한 장면을 연상케 하는 상황을 보여 주고 있었다.

그리고 무장공비의 사체가 실려 오기 시작했다. 사체는 실려 오는 대로 모래사장에 가 매장하고 신원이 파악되지 못해 나무 팻말을 세워 무장공비 1호, 무장공비 2호··; 와 같이 번호를 붙여 놓았다.

그리고 생포된 공비가 잡혀왔다. 정동춘 중위, 아군복장이었는데 군복상태가 부실해서 금방 가짜라는 것을 알 수 있을 정도였다. 이 생포된 공비에 의해 침입경로가 밝혀지자 그 당시 초소에서 잠자고 있었던 병사와 관련 지휘관이 처벌받았다

울진삼척무장공비사건은 남한에 게릴라 거점을 확보하기 위해 무장공비를 남파시켜 양민을 위협해 강제로 공산당에 가입시켜 민중봉기를 유도할 목적으로 시도한 것으로 이 과정에서 이승복 어린이가 "공산당은 싫어요!" 하며 죽임을 당한 사건도 있었으나 민관군이 한데 뭉쳐 소탕했다.

공비의 잔당이 오대산에 잠입되어 작전이 장기화되면서 시간적

여유가 생겨서 주위에 개발 중이던 성류굴도 들어가 보았고 청렴
결백하기로 유명한 한신장군이 추석에 사과 한 상자를 들고 온 어
느 참모를 마당에서 엎드려뻗쳐를 시켜 넥타이가 땅에 끌리며 기
압을 받았다는 일화를 듣기도 하고 마을 사람들이 해변에서 투망
으로 잡은 학 꽁치 회를 맛볼 기회도 생겼다.

아군은 공군의 F-86 전투기까지 동원한 총력전을 전개하였는데
무장공비들의 게릴라 작전으로 많은 애로를 겪으며 공비소탕 작전
은 그 해 12월 말까지 약 2개월간에 걸쳐 끝이 났고 120여 명의 무
장공비는 생포된 7명 이외에 113명은 사살되었으며 아군은 20명의
전사자가 나왔다.

Jacks or Better

외근 나갔다가 사무실에 들어오자 차장님이 부르시더니 상공부에 가서 영어시험을 보고 오라는 말씀이었다. 내용은 미 국무성의 기술원조 프로그램 일환으로 전선업계에서 1명을 선발해 미국 전선업체에 위탁해 9개월간 연수교육을 시키기 위한 후보자 선발 시험이었다.

순간 기쁘기도 했지만 한편으로는 전선업계의 많은 인재들과 경쟁해 합격할 자신이 전혀 없었다. 시험을 보려고 준비한 것도 아니고 그렇다고 출제경향도 전혀 정보가 없어서 따로 준비할 방법도 없기에 다만 평소 실력으로 보고 운에 맡기는 수밖에 없는 상황이었다.

파란 많았던 군 복무를 마치고 69년 8월 처음 직장인 대기업 전선회사에 입사해 생산부에서 통신 케이블 제조담당기사로서 근무를 시작했다.

이때 내가 맡고 있던 동축케이블 시외전화선 포설공사가 수원에서 대전구간을 하게 되어 생산자로서 체신부 포설작업에 참여해 주기적으로 현장점검을 하는 임무를 하게 되었다. 그때까지는 시외전화는 교환수가 수동으로 연결하는 방식으로 이루어졌으나 동축케이블을 이용해 전화기 다이얼을 돌려 교환수 없이 시내전화 하듯 자동으로 연결할 수 있게 되었다.

이것이 소위 말하는 DDD 시외자동전화 방식의 교환시스템의 시초인 셈이었다. 포설공사는 수원에서 국도를 따라가며 지하에 매설하는 공사였으며 구간매설이 완료될 때마다 생산자도 입회 점검해야 하기 때문에 출장을 가곤 했으며 자연히 지방 소도시의 풍물도 경험할 기회가 됐는데 그중에는 시골의 장날이 인상적이었다.

어느 여름날 장터에서 삼륜차에 참외를 가득 싣고 팔고 있는 것을 보게 되었다. 참외를 사 먹으면서 한 차를 팔면 얼마 남느냐고 물었더니 7천원 남는다고 하는 말에 깜짝 놀랐다.

왜냐하면 그 당시 내 월급이 3만5천 원이었는데 참외 다섯 차 분량만 팔면 되는 돈이라는 계산에 장사를 해 보는 것도 괜찮다는 생각이 들었다. 학교 다닐 때 공대를 졸업하고 상대商大에 편입해야겠다는 생각을 한 적이 있었는데 그럴 형편도 안 되고 체력도 달려서 생각을 접은 적이 있다.

그러나 뒤늦게 장사라는 생각을 하자 굳이 상대를 안 나와도 장사는 충분히 할 수 있다는 결론이 아닌가. 그러지 않아도 1년쯤 근무해 보니 전선업을 하는 데 전공했던 공부는 별로 써먹을 데가 없어서 따분하다는 생각을 하던 차였다.

그리고 생각해 보니 앞으로도 전공과목 책은 별로 쓸모가 없을 것 같았다.

그뿐만 아니라 그러잖아도 좁은 셋방 안에 자리만 차지하고 있다는 생각이 들어, 어느 일요일에 가지고 있는 책 중에서 바둑책과 영어책을 빼고는 전부 엿을 바꿔 먹었다. 그리고 장사를 해야겠다는 생각으로 가닥을 잡기 시작했다.

이런 생각을 하다가 은사님을 찾아가 상의를 했더니 세운상가 전기용품 전문점에 소개해 주겠다고 하셨다. 주위의 선배들과 상의를 하니 그중에서 중소기업 전선회사의 공장장으로 계시던 선배께서, "그러지 말고 우리 회사에 와서 영업을 배워서 전선 대리점을 하는 게 더 낫다"고 추천을 하기에 그렇게 하기로 마음을 굳혔다.

이렇게 해서 중소기업 전선회사의 영업부에서 관납영업을 담당하게 되었고 체신부, 한전 영업을 맡는 계기가 되었다.

그러나 관납이라는 것이 형식적으로는 경쟁 입찰이지만 내용상으로는 업체끼리 암암리에 나눠 먹는 방식이고 보니 별로 배울 것도 없었다.

그때만 해도 휴대폰이 없을 때였으므로 각 회사의 영업부 직원들은 한전, 체신부 부근의 다방을 연락 사무소와 같이 활용하고 있어서 매일 다방을 통해 회사와 연락을 하느라 많은 시간을 그곳에서 보내야 했다.

그러나 입찰 시간 이외에는 시간이 많이 남기 때문에 영업사원들끼리 모여 근처 여관방을 빌려 하루에 3~4시간 정도 고스톱을 치는 시간이 많았다.

이런 생활을 1년 하다 보니 그때 우리 과장은 나보다 나이가 열 살 위였는데, 앞으로 10년 후에 윗사람이 되어 내 후배에게 무엇을 가르쳐 줄 수 있을지 자신이 없었다.

그래서 생각한 것이 그러면 해외영업을 하면 할 일이 있지 않을까 하는 생각이 들어서 고스톱을 치는 대신 영어공부를 시작했는데 얼마 있다가 미 국무성 초청 기술연수 후보자 선발시험이 나와서 영어공부를 한 지는 얼마 되지 않았지만 그래도 조금은 위안은 되었다.

상공부 시험에 합격했다는 통지를 받고 상공부 담당자에게 문의했는데 커트라인이 60점이었는데 응시자 중 60점 이상 득점자가 나 혼자밖에 없지만 그렇다고 선발된 것은 아니고 앞으로 2번의 시험이 남아있다는 것이다.

과학기술처와 미 대사관에서 시행하는 시험을 통과해야 합격이라는 것이다.

과기처 담당자를 찾아가서 시험방식을 알아보니 다동에 미국인이 하는 학원에 의뢰해 필기시험은 없고 인터뷰에 합격해야 하는데 인터뷰 방식은 여자 선생과 남자 선생이 각각 인터뷰해 결정한다는 것이다.

내가 시험 준비를 어떻게 해야 할지 생각했는데 개인적인 신상문제와 미국에 가는 목적, 무슨 일을 하는지 등이 아닐까 하는 생각이 들어서 예상 질문을 만들고 이에 대한 답을 하는 문장을 만들고 실제 인터뷰에 대응한다는 기분으로 집중연습을 하고 인터뷰하러 갔는데 여성 선생님과 남성 선생님이 각각 10개의 질문을 해 답을 듣는 방식의 시험으로 거의 내가 준비한 정도의 질문이어서 무사히 통과하게 되었다.

그리고 미 대사관의 담당자를 수소문해 찾아갔는데 다행히 한국인이어서 시험방식에 관한 문의를 했는데 듣기평가만 하고 방식은 토플 시험과 같다는 얘기를 듣고 미 대사관을 나와 광화문 네거리 책방에서 토플시험 듣기 LP판을 사서 받아쓰기를 집중연습을 하고 시험을 봤다.

연습 덕분에 장소, 시간 부사 의문문이 나올 경우 장소와 시간을 중점으로 답을 고르는 요령을 터득해 시험에 많은 도움이 되어 무사히 합격하게 되었다.

지나고 보니 이 시험을 치르느라 한 달 동안 그야말로 피를 말리는 긴장의 순간들을 보내고 간신히 합격은 했지만 이 실력으로 미국 가서 생활을 과연 할 수 있을지 자신이 없었다.

어떻게 하면 단기간에 효율적으로 영어공부를 할 수 있을지 수소문해 보았더니 서울대학교 어학 연구소에 4개월 코스 외국어학 연수과정이 있는데 정부기관장의 추천을 받아야 수강할 수 있어 일반 수강자는 수강할 수가 없었다. 며칠 동안 고민하다가 과기처 담당자를 찾아가서 이번에 협조해 주신 덕분에 후보자로 선발됐는데 기술연수의 효과를 극대화하기 위해서는 지금부터 영어공부를 더 해야 미국에 가서 간신히 적응할 것 같은데 서울대학교 어학연구소에 입교하기 위해서는 관공서의 추천이 필요하다며 추천서를 부탁했다. 담당자는 난색을 하면서 이런 추천서를 내 본 적이 없는데 윗분과 상의해 보겠다는 얘기를 듣고 나왔다.

며칠 후 과학기술처 장관 명의의 공문이 회사에 접수되었는데 내용은 귀사의 직원 백 성삼이 미국 국무성 기술원조 프로그램의 일환으로 초청받아 미국에서 9개월간 연수를 받게 됐는데 연수효율을 올리기 위해서는 서울대학교 어학연구소에 파견해 연수시키기를 바란다는 내용이었다.

이 공문을 들고 회장님께 결재를 받으러 갔더니 회장님께서는 흔쾌히 결재해 주시면서 연수기간 동안 급료는 100% 지급할 테니 걱정하지 말고 잘 갔다 오라고 격려를 해 주셨다. 덕분에 어학연수원의 4개월 수업료도 회사에서 지원을 받게 되었고 더욱 중요한 것은 연수기간 4개월은 오전에는 공부하고 오후에만 근무한다는 특혜를 받은 셈이다. 그리고 미 국무성에서는 왕복 여비와 월 450

달러의 생활비를 지급받도록 되어 있었다.

그런데 미국에 연수를 가려고 보니 문제가 생겼다. 그때 집에서 부업으로 열대어를 양식해 판매하고 있었는데 월 40만원의 수입이 되고 보니 적지 않은 금액이었다. 내 월급이 5만원일 때여서 결코 무시할 수 없는 금액이었다.

이 부업을 하게 된 배경은 이렇다.

어느 날 퇴근해 보니 열대어 어항에 열대어가 노닐고 있는 것이 눈에 띄었다. 집사람이 부업으로 해보겠다고 들여왔다는 것이다. 얘기를 들어 보니 부업으로 하기에는 좀 막연한 생각이 들었다.

수족관에서 들은 대로 먹이를 주고 기다리는 수밖에 없는 상황으로는 업이 될 수 없다는 생각이 들어서 청계천에 가서 열대어에 관한 책을 국내외 할 것 없이 몇 권 사다가 며칠 동안 통독을 했다.

그리고 집에 있는 열대어를 전부 반품하고 알을 낳을 수 있는 열대어인 엔젤 10쌍을 사왔다. 한 쌍에 만 원씩 주었으니 제법 투자한 셈이었다.

엔젤은 서로 짝이 맞으면 평생을 같이 사는 습관이 있고 한 달에 한 번 알을 낳는데 한 번에 천 개 정도 알을 낳는다.

새로 들여온 쌍 중에서 한 쌍이 어항 유리벽을 입으로 쪼며 청소를 하더니 알을 낳기 시작했다. 암놈이 알을 유리벽에 붙여 한 줄로 알을 낳고 나오면 이어서 수놈이 알 위에 정액을 바르며 지나

간다. 이렇게 한 시간 정도 산란은 계속된다. 산란이 끝나면 어미들은 교대로 알 주위를 돌며 지느러미로 부채질하면서 산소공급을 계속한다. 하루가 지나자 수정이 된 알은 알 중심에 검은 핵이 나타나고 수정이 되지 못한 알은 하얗게 부패하기 시작하며 수정된 알은 2~3일 지나면 알에서 가느다란 꼬리가 나오고 알은 유리벽에 붙어있는 채로 꼬리를 흔들어서 스스로 산소공급을 시작하면 어미의 산소공급 활동은 중지된다.

일주일 되는 날 일제히 알이 유리벽에서 떨어져 나오며 헤엄치기 시작한다.

이렇게 부화하는 데는 성공했지만 키우지는 못했다.

여러 번의 실패를 거듭하면서 실패의 원인을 찾아냈다. 물속에 있는 세균 때문에 부패의 원인이 되었으며 치어는 살아있는 생물 먹이를 먹여야 한다는 점을 알아내고 산란 전용의 어항을 만들어 산란 전에 메틸렌 블루로 물을 소독하고 온도를 맞추고 공기 순환을 시키며 부식된 반투명 유리판을 어항에 비스듬히 놓고 대기시켜 놓았다.

사육장 어항에서 유리를 쪼며 산란 준비를 하는 어미 쌍을 건져 대기하고 있던 산란 어항에 옮겨놓고 산란이 끝나면 바로 사육장으로 복귀시키는 방법으로 부화율을 높였다.

부화된 치어는 살아있는 먹이를 먹어야 하기 때문에 브라인 슈림프라는 염전에 사는 물벌레 알을 사다가 소금물에 기포를 주입시키며 부화를 시켜 부화된 치어의 먹이로 2주간 주고, 그 다음 2주간은 물벼룩을 먹이고 실지렁이를 먹인 후 출하할 수 있는 치어로 성장시킬 수 있었다.

이렇게 부화된 치어를 수족관에 몇 번 팔았더니 수족관에서 자기가 우리 집에 와서 가져가겠다는 것이다. 부화에 성공해 여러 쌍이 알을 낳기 시작하자 어항이 50개로 늘어나서 거실에 3단 철재 앵글 대에 꽉 차게 되었다.

이렇게 되자 처음에는 세숫대야에서 치어를 세어서 팔다가 일일이 다 셀 수가 없어서 어항마다 부화일자를 적어 놓고 마릿수는 협의해서 후하게 정하고 대금은 선불로 예약하는 정도가 되었다.

그런데 어느 날 부산에서 수족관 하는 사람이 찾아와서 부산으로 물건을 보내 달라는 요청을 하며 보내는 방법도 소상히 가르쳐 주었다.

치어를 비닐 주머니에 넣고 산소를 주입시켜 고속버스로 보내는 방식으로 부산에도 거래가 시작되었다. 이렇게 해서 한 달에 40만 원의 수입이 생기는데 내 월급이 5만원이었으니 차라리 회사를 그만두고 수족관을 차려 이 방면으로 나설까 하던 참에 미국 연수 건이 생긴 것이다.

고민이 아닐 수 없었다. 그러나 그 당시에는 미국에서 연수를 받는다는 것만으로도 좋은 기회가 아닐 수 없던 때여서 과감하게 열대어를 처분하기로 했다. 그러나 나중에 한번 양식관련 사업을 해보겠다는 생각을 버리지는 않았다.

생전 처음 타보는 여객기를 타고 가족 친지들의 배웅을 받으며 김포공항을 이륙해 옆 좌석 사람과 인사를 나누었는데 김천 사람으로 미국 유학 가는 길이라며 집에서 사과농사를 짓는데 먹어보라며 사과 한 개를 주기에 먹어 보았다. 그런데 미국 가서 선물로 쓰려고 가져가는 중이라며 가방 가득 사과가 들어 있었다.

그러나 입국 시 공항에서 농산물이기 때문에 검역문제로 통관에 문제가 있을 것이라고 얘기하자 그러면 우리 이것을 다 먹어치우자고 제안을 해 와서 그렇게 하기로 하고 둘이서 기내식도 사양하고 사과를 배가 터지도록 먹고 화장실을 드나들기 바빴다.

내 비행일정은 하와이에서 1박을 하고 로스앤젤레스에서 갈아타고 워싱턴 디시로 가는 걸로 되어 있었다. 하와이에 내려 입국신고를 하고 나가는데 선글라스를 쓴 사나이가 나에게 다가오더니 "Are you Mr. Baek?" 하며 사진을 보여주며 말을 건네 오는데 보니 내 사진이었다. 그래서 그렇다고 했더니 자기는 미 국무성 하와이 지국에 근무하는 사람인데 본부에서 내 입국을 확인하고 호텔까지 안내하라는 지시로 나왔다는 얘기다.

그때만 해도 외국여행이 흔치 않던 때여서 착오가 생길까 우려해서 내려진 조치로 생각하며 미국 사람들의 철저함에 새삼 놀랐다.

이튿날 비행기를 갈아타고 로스앤젤레스에 내려 워싱턴 디시 행으로 바꿔 타려고 기다리고 있는데 어제 그 유학생이 당황한 표정으로 자기는 텍사스 댈러스로 가려고 하는데 어디로 가서 타야 되는지 알 수가 없다는 것이다.

그때가 이미 저녁 10시가 넘은 때여서 항공사 직원들은 거의 퇴근해 어디 문의 할 데도 마땅치 않았다. 그러나 항공사 데스크에 가서 눈여겨보니 안내 팻말이 있었다. 당직 전화번호가 적혀 있었고 그리로 전화해서 문의하라는 내용이었다. 전화를 걸어 문의해 보니 셔틀버스를 타고 해당 항공사로 가라는 것이다. 우리 같으면 김포공항 내에서 어느 항공사를 가든 다 해결되는데 셔틀버스를 타고 가야 하다니 우리하고는 스케일이 다른 나라라는 것을 실감했다.

이튿날 오후 워싱턴 디시 댈러스 공항에 내려서 나오는데, 이번에는 어떤 은발의 할머니가 "Are you Mr. Baek?"하며 반갑게 내 사진을 보여주며 말을 건네 온다. 내가 그렇다고 얘기하자 자기는 국무성에서 자원봉사자로서 일하는 사람인데 오늘 자기 임무는 나의 도착을 확인하고 호텔 가는 리무진까지 안내하는 일이라며 나를 리무진까지 안내하고 프레지던트 호텔은 몇 번째 정거장에서 내려야 하며 내리기 전에 다시 한 번 운전사에게 확인하고 내리라고 당부를 잊지 않고 돌아선다. 미국이 강국이 될 수밖에 없는 뿌리 깊은 사회 시스템을 실감했다.

다음날 국무성에 가서 신고를 하니, 간단한 연수계획을 안내하고 일주일간 오리엔테이션 일정표와 뉴욕까지 가는 비행기 표와 한 달간의 생활비를 여행자수표로 주었다.

그리고 뉴욕에 가서 내가 묵을 하숙집을 어떻게 찾아가는지 지도와 함께 교통편을 알려주었다. 이번 프로그램에 초청받은 사람은 아프리카와 아시아 지역에서 온 7~8명이었으며 우리들을 위해 오리엔테이션이 준비되어 있었다. 일정은 미국에 체류하는 동안 미국 생활에 잘 적응하도록 미국의 문화, 역사, 사회상을 체감할 수 있는 아트센터, 공원, 각종 박물관, 대학교 및 기념관 등을 방문하고 문화행사 공연을 관람하는 프로그램이었다. 또 그 지역 유지의 집으로부터 저녁 만찬을 초대받았는데, 그 집 대문 앞에는 마치 관공서와 같이 금테 둘린 정복과 정모를 쓴 수위가 의자에 앉아 있었다.

우리를 초대한 인자하게 잘생긴 백인 주인은 같이 식사를 하면서 자기 할아버지가 살아왔던 얘기를 우리에게 자세히 들려주었으며, 식사 후에 정원에 나가 거기에 있는 정원수는 자기 할아버지께서 아프리카에서 가져온 나무로서 이것을 가꾸는 유지비로 일 년에 1500달러가 든다고 자랑한다.

마지막 날 저녁은 YWCA에서 우리를 초대해 저녁식사와 댄스파티를 열어 주었는데 우리에게 친절히 춤도 가르쳐주고 재미있는 얘기도 많이 해 주었다. 내 파트너였던 봉사자 푸에르토리코 출신인

제니는 내일 어디로 가냐고 묻기에 뉴욕에 간다고 했더니 그럼 자기 남자친구가 내일 뉴욕에 육체미 대회에 출전하러 가는데 가는 길에 같이 가도록 주선을 해 주겠노라고 하며 전화를 걸어 확인하더니 내일 아침 6시에 호텔 앞에 나와 있으라고 한다.

내가 비행기 표가 있다며 한사코 사양했는데 자기 남자친구와 동행인 친구와 둘이서 같이 가는데 4시간 동안 무료하니 같이 가는 게 좋겠다고 권유해 같이 가기로 했지만 조금 걱정은 되었다.

지금 같으면 어림도 없는 일이었지만 그때만 해도 미국은 순수하고 다른 나라에 원조를 주는 신사의 나라로서 인식되어 있던 터라 그런대로 믿고 따라나서기로 했다.

다음날 아침 6시에 호텔 앞에 나가보니 벌써 와서 기다리고 있었다. 제니의 남자친구 딕은 백인이었고 육체미 대회에 출전하는 친구 브라이언은 흑인이었다. 공업지역인 필라델피아를 지나면서 공장 굴뚝에서 뿜어 나오는 연기를 가리키며 공해라고 떠들어 댔는데, 그때만 해도 공해라는 단어는 우리에겐 생소한 단어로서 우리는 공장에서 힘차게 뿜어 나오는 연기야말로 산업화의 상징으로 자랑스럽게 생각하던 시절이었다.

오는 도중에 휴게소에 들러서 햄버거와 커피를 사줘서 먹었는데 처음 먹어보는 햄버거라서 아메리칸 커피의 향기와 함께 미국에 왔다는 실감을 하게 되었다.

뉴욕에 당도해 보니 끝없이 펼쳐지는 도시의 규모가 우리는 종로 5가 정도가 고작인데, 북쪽 스트리트 260가 이렇게 나오니 상상을 초월하는 규모다. 뉴욕 케네디공항까지 데려다주면 내가 찾아갈 수 있다고 해도 그들은 친절하게도 뉴욕 북쪽 변두리인 양커스 하숙집 문 앞까지 데려다 주었다.

뉴욕 양커스에 있는 펠프스닷쥐 전선회사에서 연수를 받았는데 OJT방식의 연수로서 자유로운 분위기 속에서 실무를 하면서 배우기 때문에 일하는 데 별 어려운 점은 없었다.

그런데 놀라운 점은 오늘 입사한 사원이 바로 그날부터 업무를 한다는 점이었다. 그때만 해도 우리는 수습기간이 최소한 3개월은 되어야 실무를 하던 때여서 놀라지 않을 수 없었다. 인사과에서 신입사원을 담당 부서장에 안내하면 부서장은 신입사원에게 업무 매뉴얼을 건네주면 그 매뉴얼에 따라 그 시점부터 업무를 할 수 있도록 한 시스템이었다.

지금도 국내 그룹사에서는 신입사원 연수기간이 상당기간 있는 점에 비하면 미국이 강국이 될 수 있는 이유를 알 수 있을 것 같았다.

그리고 더욱 놀라운 점은 몇 달 후 이 친구가 회사를 그만둔다는 것이다.

그 이유인즉 해고당했다는 것이다. 해고도 너무나 간단했다. 미국은 우리처럼 월급제가 아니고 주급제이기 때문에 매주 금요일이 급료날인 셈인데 이 급료 통지서 마지막에 이렇게 쓰여 있었다.

"귀하는 사규 몇 조 몇 항 위반으로 이것이 귀하의 마지막 주급임, 이의가 있으면 규정에 따라 이의 신청 바람." 인정사정없는 냉정한 미국사회의 단면을 보는 것 같아서 섬뜩한 감은 있었으나 다문화 다민족이 섞여 사는 사회에서는 일정한 기준에 따라 관리해야지 여러 가지 복잡다단한 사정을 다 반영하면 분쟁이 끊일 날이 없을 것 같다.

급료 지급 시에 세금 난을 보면 4가지로 분류되어 세금을 공제하는데 독신, 기혼, 별거, 이혼으로 분류해 독신세율이 제일 높고 기혼세율이 제일 낮은 것으로 보아 결혼을 유도하는 정책 방향임을 알 수 있었다.

또 회사의 총각 사원이 애가 둘이 딸린 이혼녀와 연하의 결혼을 하는 것을 보고 그 당시 우리와는 정서가 다른 점에 놀랄 수밖에 없었으며 우리는 아직도 이혼을 하려면 제일 문제가 되는 것이 아이들 문제로 망설이게 되는데 미국에서는 부모 쌍방이 아이들의 양육을 포기할 때는 기본적으로 만 18세가 될 때까지는 국가에서 양육비가 지원되기 때문에 이런 점에서는 우리보다 훨씬 자유로워서 이혼율이 높다고 본다.

우리와는 전혀 다른 미국 생활을 겪으면서 놀라움의 연속이었는데 슈퍼마켓은 그 당시 우리는 주인이 지키는 구멍가게만 보아오던 나에게는 신선한 충격이 아닐 수 없었고, 재래식 화장실에 신문지로 뒤처리를 하는 대신 수세식 변기에 화장지로 마무리하고, 더욱이 고속도로 공중화장실도 수세식에 냉온수까지 나오고 향긋한 방향제 향기가 풍기는데 전혀 다른 세상에 온 것 같았다.

차츰 이곳 사람들과 파티에도 참석하고 주말에는 이웃집 은퇴 노인들과 포커도 하면서 생활이 안정되어 가자 가족에 대한 그리움에 마음 아파하고 있을 무렵 유행하던 팝송 "Let me be there"는 더욱 향수에 부채질을 하곤 했다. 향수를 달래느라 파티에 갈 때는 가져간 한복을 입고 가곤 했는데 상상 외로 인기가 대단했으며 화제가 되곤 했다.

이발 비를 절약하느라 머리를 스포츠형으로 하고 다녔는데 술집에 가면 너무 어려 보였는지 신분증을 요구하는 적도 있었다. 미성년자에게는 술을 팔 수 없기 때문이었다.

모든 것이 시스템으로 운용되는 이곳 회사 분위기는 우리와 사뭇 다른 점이 많았다. 점심시간에도 어떤 공정은 계속 가동하기 때문에 햄버거와 콜라를 카트를 타고 배달하며 쉴 새 없이 돌아가는 현장에서 강한 경쟁력을 보았으며 햄버거와 콜라가 크게 이바지함을 실감할 수 있었다.

우리는 1년 생산계획은 고사하고 그달 생산계획도 매일매일 수정하며 쫓아가기 바쁜 실정인데 여기는 5개년 생산계획을 세워 매뉴얼에 따라 업무를 진행하기 때문에 우리보다 1/3 이하의 관리직

인원으로 업무를 할 수 있다는 점이 인상적이었다.

이렇게 될 수 있었던 점에는 기본적으로 도시 계획이 10년 앞을 보고 계획하기 때문에 관련 산업들이 미리 계획에 따라 준비하므로 관련 산업에 미치는 관리효율은 엄청난 차이가 있으며 이것이 곧 국가경쟁력이 되었다고 본다. 애틀랜틱 시에서 열린 국제전선 심포지엄이 열려 참관할 기회가 생겨 갔었는데 전 세계의 전선업체에서 전선 관련 학술대회를 열어 상호 기술정보를 교류하는 중요한 자리가 되었다.

그때가 12월이었는데 호텔의 다른 쪽에서는 전국의 돼지 축산업 관련 전시회가 열리고 있었는데 돼지사육 관련 사료, 설비 및 돈육 가공 관련 업체들의 겨울 농한기를 이용한 정보교류 전시회였다.

놀라운 것은 돼지 사육 자동화 시설이었는데 돼지를 메쉬 컨베이어 위에서 사육하는 시설로서 사료공급은 물론 운동과 샤워를 자동화해 제어하면서 지방 두께를 조절하며 사육하는 시설이었는데 여기서 사육되는 돼지의 발바닥을 보니 우리 손보다 깨끗하게 보일 정도였다.

저녁식사를 한 후 자유로운 시간이 많이 남게 되어 호텔 라운지에서는 세계 각국에서 온 회사원들이 삼삼오오 모여 한가로이 칵테일 파티를 하며 시간을 보내기도 하고 어떤 테이블에서는 포커를 즐기고 있었는데 주변에서 구경하고 있다가 살아있는 영어공부를 해볼 심산으로 나도 끼어들었다.

그러나 무슨 말인지를 도무지 알아들을 수가 없어서 판돈만 내고 죽는 것을 반복하며 들어 보았지만 판을 시작할 때 무어라고 말하다가 마지막에 "Jacks are Better"라고 하는 것 같은데 무슨 뜻인지 몰라서 판돈만 내고 따라가다가 100달러 정도 잃고야 잭 패어 이상 든 사람이 먼저 배팅을 시작할 수 있다는 것을 알았다. "Jacks are Better"도 그 이후 몇 년 지나 생각해보니 "Jacks or Better(잭 패어 또는 그 이상일 때 베팅을 개시할 수 있다는 뜻)"가 되어야 맞는 말이라는 것을 알았다.

수업료 100 달러를 들여서 배운 문장인 셈이다.

그래서 그 다음부터는 판세를 읽어가며 본격적으로 게임에 참여했다.

그리고 몇 순환 돌았는데 한 친구라 올려 배팅을 하자 그 다음 친구가 또 올려치고 있었다. 그때 내 패는 앞에 깔아 놓은 패는 좋았으나 손에 든 패는 별 볼일이 없는 패였다. 그래서 죽을까 하다가 앞에서 올린 두 친구보다 더 많이 올려 배팅했다. 이제까지 소극적으로 배팅하던 내가 갑자기 높여 배팅하자 한순간 모두들 나를 숨죽여가며 주시하고 있었다.

그러자 먼저 올렸던 친구가 죽자 잇따라 모두 죽는 바람에 내가 그냥 승자가 되어 판돈을 먹게 되었다. 그러자 내 옆에 있던 친구가 내 손에 든 패를 슬쩍 훔쳐보더니 "Hey! Son of a gun!" 하며 소리 지르는 바람에 모두들 내 브라핑 전략에 아연실색했다.

그리고 몇 순차 돌더니 게임 종목을 다른 종목으로 바꾸었는데 무슨 말인지 도저히 감도 잡히지 않는 긴 말을 해 하는 수 없이 또 판돈만 내고 판이 돌아가는 모양을 보면서 의미를 추측하기를 거듭하다가 그 뜻을 알아내었을 때는 수업료를 제법 낸 때였다.

"High spade in hold split the pot!"라는 제목의 게임이었는데 그 뜻은 손에 든 패 중에서 제일 높은 스페이드(검은색 하트)를 갖고 있는 사람과 승자가 판돈을 반씩 나누어 가진다는 뜻인데 예를 들면 스페이드 A를 가진 사람은 판돈의 반이 다른 패에 관계없이 자기 것이 되기 때문에 무조건 올리는 베팅을 하게 되어 판이 커지게 되어 긴장감이 높아지게 마련이었다.

일단 말의 뜻을 알게 되자 또 게임에 전념하게 되고 승률도 오르기 시작했다.

그런데 이곳 사람들의 노름판 매너는 우리와 정반대임을 한참 뒤에야 알았다. 우리는 돈을 딴 사람이 먼저 일어나 가지 못하는데 이 사람들은 딴 사람은 뒤도 안 보고 돌아서는데 그것도 모르고 내가 따고 있었기 때문에 밤 12가 넘었는데도 먼저 일어나지 못하고 있었는데 새벽녘에 보니 패자들만 남아 있다는 것을 알았다. 살아 있는 영어 수업이었다.

귀국 2주 전에 미시간대학에서 국무성 프로그램의 일환으로 세미나가 열려서 참석하게 되었다. 국무성 프로그램으로 참가하게 된 몇 나라의 연수자들 중에 귀국일자가 나와 비슷한 사람들이 참가하게 되었다.

프로그램 진행자는 인류학 박사학위 소지자가 주관해 스텝 진으로 3명의 인문사회과학 전문가들로 5일간 여러 가지 테마를 설정해 연수자들에게 임무를 부여하고 각자 어떤 방법으로 대응하는 지를 관찰하며 리포트를 면밀히 작성해 국무성에 보고한다고 했다. 그 중에는 미국생활에서 연수자들의 느낀 것 중에서 자기나라와 어떤 점이 다르며 귀국해 어떻게 개선하고자 하는 생각이 있는 지 등 실생활 중심의 테마가 많았다.

국무성의 기술원조 프로그램으로 참가한 연수자들이 귀국해 미국 국익에 어떤 영향을 주게 될지를 가름하는 연구 보고가 아닌가 생각된다.

미국의 대외 원조 프로그램의 심도 있는 이면을 들여다볼 수 있는 한 면이 아닌가 한다.

내일부터 네가 공장을 맡아 하라

미 국무성 초청으로 미국
전선회사에서 73년 8월부터 74년 4월까지 9개월간의 연수를 마치
고 귀국해 군포공장에서 생산과장을 맡게 되었다.

회사는 300만 달러의 ADB(아시아 개발은행) 차관을 들여다 군
포에 대지 2만평에 건평 만평으로 담장도 철조망이 없는 공장 안
이 훤히 들여다보이는 철제 기둥으로 세우고 담장 주변에는 가이
스카 향나무로 두르고 담장 안에는 넓은 잔디밭을 조성해 향후에
는 이 잔디밭이 넓은 종업원 주차장으로 바뀔 것이라는 전망을 하
며 공장을 짓고 스탈페스 통신케이블을 미국의 웨스턴전기의 특허
사용권계약을 해 생산하려 했으나 정부에서는 경쟁사들의 강력한
로비의 영향을 받아 전량 수출조건으로 인가를 내주었다.

그러나 국내에서 판매한 실적이 없는데 수출한다는 것은 거의

불가능에 가까웠다. 왜냐하면 통신케이블은 국가기관에서 관장하는 전화통신체계에 사용되는 케이블로서 국내에서 사용한 실적이 없는 제품을 채용하려는 국가가 없기 때문이었다.

수출을 못 하면 막대한 차관을 들여다 세운 공장도 무용지물이 되는 것이다.

이렇게 되자 경쟁사들은 내수시장에서 집중적으로 우리가 하고 있는 품목에 대해 덤핑공세를 펼쳐 우리 회사를 아사시킬 전략을 적극적으로 전개하고 있었다.

"백 과장, 올라오라!" 하고 인터폰으로 회장님이 부르시기에 나는 급히 회장실로 올라갔다.

회장실로 들어가려는데 방금 전에 회장님께 불리어 들어갔던 공장장 이하 간부들이 얼굴이 상기되어 나오고 있었다. 내가 들어가자 회장님께서는,

"내수시장 수주에 실패해 일거리가 없는데 간부가 무슨 소용이 있나? 그래서 저 사람들을 내일부터 집에서 쉬라고 했다. 내일부터 네가 공장을 맡아서 하라! 그리고 공장장이 타던 브리샤는 네가 타라!"

이 말씀을 듣고 나는 한동안 멍한 상태로 할 말을 잊고 있다가,

"회장님, 제가 이제까지 영업을 하다 생산과장이 된 지 한 달밖에 되지 않았고 생산을 잘 모릅니다." 이렇게 말씀드리자 회장님께서는,

"할 일이 없는데 못할 일도 없다. 나가 보라!" 하고 호통치시는 바람에 나는 쫓겨나듯 회장실을 나왔다.

나와 보니 공장장, 생산부장 그리고 품질차장이 짐을 싸느라 어수선한 분위기였다. 참으로 기가 막힌 일이다. 공장장은 금속공학 박사 출신으로 공대 교수를 하시던 분을 영입해 6개월도 안 되었고 생산부장, 품질차장도 외부에서 영입한 지 몇 개월이 안 된 때였다.

이렇게 되면 서른한 살밖에 안 된 과장인 내가 전혀 아무 준비도 안 된 상태에서 공장장 대행근무를 하게 되었으며 생산관련 관리직으로 대리 1명, 사원 1명으로 공장을 운영해 나가야 했다. 이튿날 회장님으로부터 전화가 걸려왔다.

"백 과장, 지금 공장에 동 재고가 얼마 있나?" 하고 물으시기에 내가 머뭇거리자 "그것도 모르고 있나!" 하고 전화가 끊긴다. 그리고 한참 있다가 또 전화가 걸려 왔다.

"재고 파악이 됐나?"

"예, 현재 120톤 있습니다." 이렇게 답변하자,

"지금 동 값이 LME(론돈 금속시장) 시세로 톤당 얼마 하노?"

"예, 톤당 2500 달러 합니다." 하고 답변하자,

"그럼 파운드당 몇 센트고?"

"??????"

나는 머뭇거리며 톤당 가격을 파운드로 환산해 보려고 뜸을 들이자 "야, 이런 속도로 어찌 경쟁에서 이기겠노?" 하시며 전화가 끊긴다.

한참 후에 또 전화가 걸려왔다.

"그래 파악이 됐나?"

"예, 파운드당 1달러 12센트입니다."

"그럼, 부산항 도착가격은 톤당 원화로 얼마고?"

"??????"

내가 또 머뭇거리자 또 전화가 끊긴다. 처음부터 이런 것을 파악하라고 지시했으면 준비할 수 있는 사항인데 이렇게 불시에 묻고 야단치시는데 대해 좀 짜증도 났으나 이젠 질문의 방향에 감이 온다. 다음 질문은 공장 도착가격을 물으실 것 아니겠는가? 이런 생각을 하며 있는데 또 전화가 걸려 왔다.

"파악됐나?"

"C&F 부산 도착가격은 톤당 115만원 됩니다." 내가 이렇게 답변하자,

"그럼, 공장 도착가격은 얼마고?

"예, 관세 9만2천원, 통관비 내륙운송비 2만3천원 포함하면 126만5천원이 되겠습니다."

이렇게 답변하자,

"현재 생산 불량률이 얼마고?"

"예, 5% 됩니다."

"그래, 금액으로 상당한 돈이 아닌가? 내가 이제까지 귀한 시간에 와 이런 일을 하겠노? 다음 달 내가 공장에 갈 때까지 불량률을 3% 달성하도록 하라!" 하고 전화는 끊겼다.

참으로 진땀 나는 긴 하루가 매일매일 지나가고 있었다. 매일 불시에 전화가 걸려 와서 무엇을 물으실지 몰라 긴장하며 야단맞으며 보내는 일과였다. 모든 질문은 마지막에는 돈으로 환산하는 것으로 끝이 나곤 했다. 그러니까 모든 경영지표가 머릿속에 항상 들어있어야 답변할 수 있는 질문이기 때문에 현장흐름과 동시에 경영지표도 머릿속에 감각적으로 정리가 되어 있지 않으면 답변을 할 수 없기 때문에 전화가 걸려올 때마다 무엇을 물으실지 몰라 그 긴장감은 상상을 초월했다.

100톤짜리 냉각수 물탱크 공사를 할 때였다. 전화가 걸려왔다.
"이번 공사에 흙이 몇 톤 나오노?"
"?????"
내가 머뭇거리자,
"니, 흙의 비중이 얼마고?"
"?????????????"
금속의 비중은 대강 알지만 흙의 비중을 들어본 적이 없어 머뭇거리자,
"아, 니가 서울공대를 나왔나? 아이고, 이런. 흙의 비중은 대강

4~5 정도 된다. 그러니까 물 100톤이면 흙은 4~500톤 나온다. 내가 지금 시험보자고 이러는 게 아니야, 그럼 그 흙은 어떻게 할끼고?"

"그 흙은 공사업자가 가져가기로 했습니다."

"그러니까 공부만 잘했지 빙신이라는 기다. 지금 당장 총무과 전원을 풀어서 흙이 필요한 사람을 찾아 온나!"

참으로 놀라운 실력 차를 실감하는 순간이다, 일주일 동안 수소문 끝에 흙이 필요한 사람을 찾아내어 흙을 팔아 공사비를 절감하게 되어 아는 것이 돈이라는 산 경험을 하게 되었다.

며칠 후 회장님이 오셔서 공사 진척사항을 점검하는 자리에서 또 물으신다.

"어제 모래가 몇 차 들어왔노?"

"15차 들어 왔습니다."

"니가 세어 본 게 아니고, 전표 보고 아는 게 아닌가?"

"예, 그렇습니다."

"이게 바로 탁상관리자라는 기다. 경비실과 짜고 10차 들어 왔는데 15차로 만들면 어떻게 알기고?"

숨이 꽉 막히도록 허를 찔린 기분이었다.

"……."

"이봐, 모래 하차시킨 데 가 보자." 이렇게 말씀하시며 앞장서 가신다. 현장에 당도해 모래 쌓인 것을 보시며,

"이 보래이, 모래를 두 차 부리면 반드시 봉우리가 두 개 생긴다. 따라서 들어온 차수만큼 봉우리가 생긴다. 그렇다고 해서 매번 와서 세어 보라는 것은 아니야, 책임자가 언제든지 확인할 수 있다는 사실만으로도 사고를 미리 막을 수 있는 힘이 생기는 법이다."

이런 것은 책에서는 도저히 배울 수 없는 산 경험이었다. 공장장 대행근무를 시작하고부터 노도같이 밀려드는 업무와 회장님께 매일같이 야단맞아 가며 하루해가 어떻게 지나는지 모르게 가는 동안 어떤 때는 도망가 버리겠다는 갈등도 많았으나 한편 생각하면 내가 부족한 탓에 일어난 결과로 생각하고 이 정도의 어려움을 극복하지 못하면 앞으로 아무 일도 못 한다는 생각으로 이 난국을 정면 돌파해 회장님의 어떠한 질문에도 답변할 수 있도록 해야겠다고 다짐하고 각오를 새롭게 했다.

어느 날 이 층 회의실에서 문득 창밖을 바라보니 주위의 논에 벼가 익어가는 것을 보고 깜짝 놀랐다. 지난 봄 가로수의 움이 파릇파릇 올라올 무렵 공장장 대행근무를 시작해 매일 매일 회장님께 야단맞아 가며 업무에 수많은 시행착오를 겪으며 전투와 같은 일과를 보내느라 어느새 계절은 벼가 영그는 가을로 접어드는 것도 까맣게 모르고 지나가고 있었다. 이제는 회장님께서 언제 전화가 오더라도 당황하지 않고 차분히 경영지표를 보고 있는 듯이 답변할 수 있을 정도가 되었다.

그 당시는 집에 전화가 있는 집이 별로 없을 때여서 집에 전화가 없기에 망정이지 전화가 있었다면 퇴근해서도 편하지 못할 뻔했는데 그것도 잠시였다.

회장님께서 부르시더니 공장 책임자 집에 전화가 연락이 안 되어서야 되겠냐며 백색전화기를 놔 주셨기 때문에 이젠 24시간 비상근무체제가 되었다.

그것도 회장님께서 해외출장 중일 때는 시차관계로 언제 전화가 걸려올지 몰라 불안할 때가 많았다.

그 당시 전화기는 청색 전화기와 백색전화기 두 종류가 있었는데 청색전화기는 체신부에 신청해 2~3년 걸려야 놓을 수 있고 개인이 사고 팔 수는 없었지만, 백색전화기는 개인 재산으로 부동산처럼 사고 팔 수 있는 것으로 그 당시 시세로는 50만 원 정도로 과장 월급이 5만원 일 때이므로 상당한 금액이었다.

스탈페스 통신케이블을 생산하기 위해 공장도 새로 짓고 조직도 보강해 전열을 정비해 출정하려던 차에 경쟁사들이 공급과잉이라는 이유를 들어 강력한 로비공세를 하는 바람에 전량수출 조건으로 승인을 받게 되어 회사는 앞날이 불투명하게 되어 부득이 공장장을 비롯한 주요 간부들을 구조조정을 하고 배수진을 치고 난국을 헤쳐 나가지 않으면 안 되었다.

오로지 살 길은 수출밖에 없는데 수출을 할 수 있는 준비는 고사하고 생산 해 본 적도 없고 생산설비도 아직 다 갖추어져 있지 않은 실정이다.

이때 무역부를 통해 이란 체신청에서 스탈페스 통신케이블 국제 입찰이 있다는 정보가 들어왔다. 입찰서를 가져다가 전 부서가 분할해 공부하기 시작했다. 공장에서는 입찰에 나온 품목을 입찰 규격에 맞는 설계를 해 원가계산을 하고 생산가능성과 생산방법을 점검해 나갔다.

그런데 또 문제가 생겼다. 경쟁회사에서도 우리를 고사시키기 위해 입찰에 참가한다는 것이다. 국내 업체 간에 치열한 경쟁이 불가피하게 되었다.

경쟁사들은 이미 국내에 납품실적이 있고 우리는 실적이 전무한 상태여서 대단히 불리한 경쟁을 할 수밖에 없었다. 그렇다고 해서 덤핑을 해서 따올 수는 없는 상황이었다. 어쨌든 따서 이익을 못 내면 망할 수밖에 없는 처지가 되었으므로 비상한 각오로 대비하지 않으면 안 되었다.

원가계산을 해 회장님께 결재를 받으러 갔다. 회장님께서 우선 동값부터 점검을 하기 시작했다. 경쟁력을 높이기 위해 동은 전기동 70%에 고동 30%를 섞어 원가를 낮추는 조건으로 계산했다고 보고를 드리자 그것은 별 문제 없이 넘어갔는데 포장비에 가서 문제가 생겼다.

"포장목재가 10만 사이가 되는데 무슨 기준으로 계산했나?"

"에, 판재 도매가격 기준으로 계산했습니다."

"야, 이 정도의 목재량 같으면 강원도 산판에 출장 가서 원목을 사다가 제재소에 임가공 하는 값으로 계산해야 경쟁력이 있지 도매가격 정도로 되겠나? 당장 출장 갔다 와서 계산 다시 하라!" 하시고 그 다음 부자재로서 면포 값을 점검하시다가,

"면포가 만 필이나 되는데 이것도 도매가격 기준으로 계산했나?" 하신다.

"예, 그렇습니다."

"이것도 마찬가지야, 제사공장에서 실을 사다가 방직공장에 임가공시키는 걸로 계산하라, 대구에 가면 제사공장, 방직공장이 천지에 깔려 있다. 당장 대구에 출장 가서 점검하고 원가계산을 다시 하라!"는 회장님의 허를 찌르는 지시를 받고 새삼 비장한 각오로 바닥 원가를 창출해야겠다고 생각했다.

우리는 긴급히 두 팀으로 나누어 한 팀은 대구로 또 다른 한 팀은 강원도로 출장 가서 임가공 기준의 원가를 작성하기 시작했다. 덕분에 판재는 판매단위가 6자, 9자, 12자 단위로 판매하며, 산판에서는 통나무를 말구의 직경을 기준으로 사이를 계산하는 것도 알았으며 임가공 시 제재 후의 부산물 처리분을 가공비에 어떻게 산입하는지도 배웠고 면포를 짜기 위한 실의 규격이 합사로 표시하며 합사의 규격에 따라 면포의 규격이 달라지는 것도 공부하게 되었다.

이렇게 한 결과 포장비와 면포비가 30% 내려가는 것이 확인되어 회장님께 보고를 했다. 그러자 회장님께서는,

"그래, 내려가는 게 당연하지, 그런데 말이야 체신부에 납품한 통신케이블의 나무 드럼은 사용한 후 어떻게 처리하는지 알아보고 그것을 불하받아 해체해 쓰도록 검토하라."

또 한 번 상식을 넘는 발상이었지만 회장님 말씀이 법이었으므로 모든 수단을 동원해 실현시키는 수밖에 다른 대안은 없었다.

체신부에 납품된 케이블은 포설공사를 한 후에 빈 목재 드럼은 보급소에서 수거해 폐목으로 매각하는데 이것을 불하받아 해체해 이중에 악판(드럼 양옆의 원판)만 재활용해 새 드럼을 만들 때 두 장은 해체한 악판을 쓰고 바깥부분 한 장만 새 나무로 악판(3장의 판재로 구성됨)을 만들어 조립해 드럼 내부의 악판은 헌 나무 표시가 나기 때문에 페인트칠을 해 처리하면 포장비는 40% 정도 절감하게 된다는 결론을 내고 입찰서를 작성해 입찰보증금을 걸고 입찰에 참여해 초조히 결과만을 기다리고 있었다.

드디어 이란 체신청으로부터 360만 달러의 낙찰통보를 받고 흥분했지만 그것도 잠시, 이제부터 설비도 보강하고 인원도 충원해 6개월 뒤부터는 선적을 하지 않으면 안 되는 숨 가쁜 일정이 기다리고 있었다.

일본에 신규설비를 구매하기 위해 회장님과 같이 출장을 갔다. 우리는 경비를 절약하기 위해 한 방을 쓰다 보니 그렇지 않아도 주눅이 들어 있는데 스트레스가 이만저만이 아니었다. 아침식사 하러 호텔 부근에 800엔 균일이라고 쓰여 있는 집에 들어서다가 다

시 나오시면서,

"저기 600엔짜리 집이 있으니 그리 가자!" 하시면서 600엔 균일 집으로 들어갔다. 뷔페식이어서 내가 필요한 식사를 챙겨 자리에 오자 회장님께서 바나나 한 송이를 몽땅 들고 오서서,

"야, 우리 이거 갈라 묵자!" 하시면서 큰 바나나 한 송이를 테이블에 올려놓으신다. 그 당시 국내에서는 바나나가 수입품이어서 비싼 물건이었으므로 자주 먹기가 그리 쉽지가 않았다.

조그만 가게이기 때문에 그날 아침 뷔페용으로 내어 논 한 송이밖에 없는 것을 들고 와서 다른 사람은 먹을 것이 없는 것이다. 다른 손님들이 우리가 바나나만 열심히 먹고 있는 것을 힐끔힐끔 보는 것을 의식하면서 바나나만 배 터지게 먹었다.

오전에 설비업체에서 견적서를 들고 찾아왔다. 회장님께서 견적서를 한참 훑어보시더니 "이 견적서에는 설비의 구성품 내용이 품목별로 구분이 안 되어있으므로 구분해 주시고 특히 메인 모터의 용량과 총 중량을 표시해서 다시 제출 바랍니다."라고 말씀하시면서 업체 분들을 돌려보냈다.

오후가 되어 업체에서 견적서를 다시 작성해 왔다. 회장님께서는 견적서를 훑어보시더니 "10마력 메인 모터 값이 한국산보다 50% 비싸게 잡혀 있는데 한국산의 20% 비싸면 정상이라고 볼 때 30% 더 잡혀 있고, 설비 총 중량을 철강 가격 기준으로 볼 때 5배가 되는 가공비가 되는데 이 정도의 가공정밀도로는 철강 가격의 3배

정도가 적정하다고 보아 설비 본체 가격도 30% 비싸게 잡혀 있다고 봅니다. 따라서 전체적으로 30% 깎아 주시기 바랍니다."

이렇게 말씀하시자 업체 분들은 아연실색하며 기계 값을 철강 값을 기준으로 계산하는 것은 처음 있는 일이며 합리적인 방법이 아니라고 강력히 반발하며 나섰다.

그러자 회장님께서는 "내가 지금까지 많은 기계를 구매했는데 실제로 가공도가 많은 것은 철강 값의 5배, 가공도가 적은 것은 3배 하면 거의 정확히 들어맞았습니다."라고 답변하자 업체 분들은 한참 자기들끼리 상의하더니 10%를 깎아 주겠단다. 그러나 회장님께서는 자기 계산이 이제까지 틀린 적이 없다고 확신 있게 반박하자 그들은 난색을 하며 마지막이라고 하며 15%선을 제시했다. 그러자 회장님께서는 이것으로 상담은 끝내고 돌아가시겠다고 말씀하시자 이들은 회사에 가서 상의해서 내일 아침 다시 오겠다고 하며 돌아갔다.

이튿날 아침 30% 낮춘 가격의 견적서를 가져옴으로써 이번 상담은 끝이 났다. 상대방의 허를 찌르는 상담전략에 다시 한 번 산 경험을 하게 되었다. 돌아가는 비행기 안에서 기계 값을 철강 값으로 환산하는 방법은 어떻게 아셨느냐고 내가 여쭙자 회장님께서는,

"내가 이제까지 여러 가지 설비를 사면서 경험으로 터득한 것인데 이 방법으로 하면 비행기와 선박을 제외하곤 전부 견적을 낼 자신이 있다."고 말씀하신다.

설비는 중요한 부분만 수입하고 나머지 부분은 사내에서 자작하도록 계획을 세워서 좀 힘겹기는 했지만 그런대로 할 수 있겠다는 감을 가지고 있었지만 인원은 관리직 현장직 모두가 경력자가 없어서 큰 문제가 아닐 수 없었다.

더구나 현장직은 경력자를 경쟁사에서 스카우트해 올 경우 3배의 일당을 줘야 영입할 수 있지만 그것도 쉬운 일이 아니었다.

관리직 경력자는 더구나 어려운 것이 경쟁사에서 초비상이 걸려 단속하므로 거의 불가능에 가까웠다. 그래서 나는 단기간에 현장직 관리직을 새로 뽑아 자체교육을 통해 양성할 계획을 세웠다.

그 당시 이스라엘과 이집트가 중동전쟁을 했는데 일주일 만에 이스라엘의 승리로 끝났는데 전선제조 하는 데 11일 교육이면 충분하다는 생각으로 관리직은 11일 프로그램을 계획하고 현장 작업자는 당일 입사하면 당일부터 작업에 투입할 수 있도록 공정을 세분화해 작업순서를 매뉴얼화해 작업 지시서를 보고 즉시 작업을 할 수 있도록 매뉴얼을 작성하는데 현장의 반장 이상 관리자와 관리직 사원을 총동원해 매뉴얼 괘도를 작성했다.

그리고 관리직 신입사원은 11일 교육프로그램을 마치면 어느 부서에 가든 즉시 업무에 적응할 수 있도록 최초공정인 용동로(동을 녹이는 용광로) 작업공정부터 최종포장공정에 이르기까지 직접 작업해 보도록 하고 제품을 설계해서 원가계산을 할 수 있도록 했으며 특히 영업부서에 갈 사원은 원가 테이블을 가지고 가서 즉시 업무에 적용할 수 있도록 했다.

특히 원가 테이블을 만들게 된 데는 내가 영업부에 근무할 당시 과장 이외에는 원가계산을 할 수 있는 사람이 없어서 업무를 수행하는 데 불편한 점이 많았기 때문이었다. 그때는 과장 혼자만이 원가계산 계산계수를 알고 있었고 주판으로 빠른 계산을 하기 때문에 다른 사람은 알 수가 없었다. 그래서 누구나 쉽게 정확하게 할 수 있도록 테이블 화해 전선규격에 따라 소요자재 품목별로 단가 변동에 따른 가격을 미리 계산된 테이블에서 품목별 가격을 합하면 자재비가 나오고 포장규격에 따라 포장비 테이블에서 포장비를 찾고 가공비 테이블에서 가공비를 찾아 모두 합하면 제조원가가 되도록 미리 계산된 테이블을 여섯 권 만들어 실제 업무에 적응할 수 있도록 작성했다.

신입사원 교육을 준비하기 위해 현장 반장급 이상 전 관리직 사원이 한 달 이상의 시간이 걸려 준비를 했다.

실제로 이렇게 11일간의 연수교육을 마친 8명의 신입사원들은 해당부서로 가서 바로 업무에 적응할 수 있었는데 영업부서에서 사건이 일어났다.

영업부서에서 입찰가격을 회장님 결재를 받을 때 회장님은 반드시 원가 계산을 누가 했는지 묻는데 신입사원이 했다고 하자 이렇게 중요한 입찰가격을 신입사원에 맡겨서 되겠냐고 야단을 맞고 공장의 백 과장이 작성한 원가 테이블에 따라 이젠 누구나 할 수 있게 되었다고 보고를 드리고 여섯 권의 중후한 표지를 한 원가계산 테이블을 보여드리자 아주 만족해하셨다는 뒷얘기가 들렸다.

한 번도 해 본 적이 없는 수출을 360만 달러 신용장을 받고 보니 기쁨보다는 걱정이 태산 같았다. 부족한 설비도 보강하고 인력도 충원하고 사양서에 따른 제조공법을 공부하느라 눈코 뜰 정신이 없었다. 관리직은 신입사원을 충원해 그런 대로 해결하겠지만 필요한 현장 작업자 150명은 신규 채용해 훈련시키며 생산하지 않으면 안 되는 비상사태를 맞은 셈이었다.

작업현장에 작업 매뉴얼을 괘도로 그려서 걸어놓고 신입 작업자가 들어오면 괘도를 보면서 바로 작업을 시키고 반장은 확인하는 형식으로 당일 입사 당일 작업이라는 원칙으로 밀어붙이다 보니 퇴사자가 속출하는 등 부작용도 많이 일어났다.

제품을 열대지방에서 사용해야 하므로 우리하고는 기후가 달라 목재 드럼 규격도 우리하고는 전혀 다른 흰개미의 방충처리를 요구하고 있어서 흰개미를 본 적도 없는 우리로서는 당황할 수밖에 없었다.

그래서 이란 체신청에 문의했더니 한 장의 사진을 보내왔는데 사막에서 목재 드럼은 흰개미가 먹어치워서 케이블만 감긴 채 앙상하게 남아있는 모양을 보니 어떻게 방충해야 할지 막막했다.

대학 생물학과에 가서 자문을 받고 일본 화공약품상의 도움을 받아 간신히 방안을 마련했다. 목재 드럼이 들어갈 만한 물탱크를 파서 거기에 드럼을 넣고 함침하는 방법으로 해결했다.

모든 것이 부족하고 준비가 안 된 상태에서도 불철주야 노력한 덕분에 겨우 첫 번 선적을 마치고 보니 그야말로 감회가 새로워졌다. 수출이라는 것을 처음 해 보는 감회는 상상을 뛰어넘는 일이었다.

첫 선적을 회장님께 보고하는 자리에서 회장님께서는,

"야, 니 고생 많았데이, 이번 기회에 니를 차장으로 진급시켜야겠다."

하시기에 나는 "회장님 감사합니다. 하지만 제가 과장된 지도 1년밖에 안 되었고 그룹의 다른 차장과도 나이 차가 많이 있으므로 다음 기회에 했으면 좋겠습니다."

이렇게 건의 드리자 회장님께서는,

"그래? 그러면 진급시킨 걸로 하고 1년분 봉급차액 60만원을 미리 줄 테니 그리 알아라." 하시면서 봉투를 내 주시면서 "그래, 한국에서 제일 유능한 과장이 돼봐라." 하신다.

스탈페스 통신케이블을 이란에 수출하게 되어 회사 분위기가 활기를 띠고 경영에도 변화가 오기 시작했다. 이제부터는 고전압 전력케이블을 개발하려는 계획을 세우기 시작했다.

이 고압 케이블은 22,000V 이상의 전압에 사용되는 전선으로서 상품명으로는 CV케이블이라는 품명을 가지고 있었으며 경쟁사 2

개 회사만 한전에 독점적으로 공급하고 있는 품목이었다.

그러니까 여기에 도전장을 내겠다는 계획이었다. 이번에는 자체기술과 자체 자금력으로 해 보겠다는 계획으로 진행했다. 스탈페스 통신케이블 개발 시에는 미국 웨스턴전기의 특허를 사용해 ADB차관으로 사업신청을 했던 관계로 심의 도중 전량수출 조건이 붙어서 인가가 났기 때문에 이런 불리한 전철을 밟지 않기 위해서였다.

그러나 이것도 만만치 않았다. 경쟁사들은 이미 일본회사와 기술제휴를 해 생산하고 있는데 우리는 아무 기술도 없이 도전하려는 것이다.

그것도 설비도 중요한 부분만 일본서 사오고 나머지 부분은 자체 제작한다는 계획이고 보니 넘어야 할 고비가 만만치 않은 길을 가야 했다.

일본에 수소문해 경쟁사에 설비를 공급한 회사를 찾아내어 견적을 받아 보고 설비명세를 검토해 보았는데 마침 그 당시 일본이 불황이어서 설비업체가 일거리가 없는 것이 우리에게는 좋은 기회가 되었다.

설비 세목별로 견적을 받고 그 중에서 중요한 부분만 사고 나머지 부분은 도면을 사서 사내 공무부에서 제작하고 시제품 생산은 설비업체가 지도하는 방법으로 검토해 보니 설비비가 경쟁사보다 40%를 싸게 할 수 있다는 결론이 나왔다.

참으로 무모한 것 같은 회장님의 발상이 일본의 불황이 우리를 돕는 기회가 되어 고전압 전력케이블도 생산에 성공하게 되었다.

아침에 대문에서 초인종 소리가 나서 나가 보니 대문 위로 회장님의 얼굴이 보인다. 깜짝 놀라 나가 보니,

"니 아침 묵었나?"

"아직 안 먹었습니다."

"내 지금 공장 내려가는 길인데 느 집에서 밥 먹고 같이 가자."

하시면서 집안으로 들어서신다. 우린 그때 막 일어나고 있는 참이어서 혼비백산해 이불을 개고 아침준비를 했다. 회장님은 식사를 다 마치고 화장실도 들러서 나를 차에 태우고 공장으로 향했다. 그 당시 우리는 상도동에서 단독주택에 세를 살고 있을 때였는데 그 전날 일본 출장을 갔다 돌아온 참이었다.

도중 차안에서 회장님께서는 이렇게 말씀하시는 것이다.

"내 오늘 니 사는 모양을 봤는데 명색이 공장 책임자인데 사는 환경이 그래서는 아이디어가 생기지 않는다.

오늘 원 비서에게 지시해 놓을 테니 노량진에서 시흥 사이에 도로에 가까운 쪽으로 아파트를 20평 정도 되는 것을 구할 수 있도록 준비해 놔라."

"예, 알겠습니다. 감사합니다."

그날 오후에 원비서로부터 전화가 왔는데 내가 살 집이니 내가

집을 물색해 명세를 자기에게 알려 달라는 얘기였다. 이렇게 해서 신림동에 있는 우진 아파트로 이사를 가게 되었다. 난생 처음으로 내 명의의 주택을 마련한 셈이다.

가방 하나 들고 중동으로 가라

회장님으로부터 전화가 걸려 왔다.

"지금 중동에는 오일 달러가 넘쳐나는데 공장에 앉아 있지 말고 무역부에 와서 가방 하나 들고 중동으로 가라!"

하고 말씀하시기에 나는,

"제가 무역을 해 본 적도 없는데 되겠습니까?" 하고 얘기하자,

"어느 놈은 처음부터 하는 놈 있나?" 하시는 말씀에 무역부를 맡게 되었는데 그 당시 무역부는 사고가 생겨서 무역부를 맡고 있던 이사와 간부가 모두 사직을 하고 대리 한 명만 남아 있었다. 며칠 동안 업무 파악을 해 보니 한심했다.

그때가 7월인데 수출실적 8만 달러밖에 안 되었고 연말까지 70만 달러 실적이 안 되면 무역업 허가가 취소되는 절박한 상황이었다.

게다가 받아 논 신용장도 전무한 상태이고 보니 앞이 막막했다.

그래서 몇 가지 방안을 정리해 회장님께 건의를 하기로 했다.

"회장님, 연말까지 70만 달러를 하기 위해서는 지금과 같이 견적 요청이 들어오면 공장에 생산 가능성을 문의하고 원가계산을 의뢰해 하는 방식으로는 도저히 시간을 맞출 수 없으므로 무역부에 엔지니어 2명을 보내주시면 무역부에서 생산 가능성 및 원가계산까지 처리하겠습니다."

하고 건의를 드렸더니 회장님께서는 쾌히 "그렇게 하라."며 허락을 해주셨다.

"그리고 또 한 가지 건의를 드리겠습니다."

"뭐꼬?"

"무역부 직원들이 비상근무 체제로 들어가서 휴무일도 없이 근무하게 될 때 거기에 상응해 쉬게 할 수 있는 권한을 주십시오."

"그래, 그리 해라."

이렇게 해서 공장에서 엔지니어 2명을 지원받고 그동안 외국 에이전트들과 왕래했던 서신 철을 점검해 보았더니 내 영어 실력으로는 답장하는 데 한나절이 걸려야 겨우 답장 한 통을 보낼 수 있었다.

그래서 발신 철을 정리해 보았더니 대략 3가지 유형의 표준 답신 문장을 만들 수 있었다. A형의 문장은 회사의 간략한 소개를 하는 문장이고, B형의 문장은 견적문의에 대한 답신, C형은 입찰 관련 답신을 표준문장으로 인쇄해 두었다가 외국에서 서신이 오면 읽어보고 서신 머리에 A, B, C만 표시해 여직원에게 주면 여직원은 해당 문장이 인쇄된 용지에 보낼 주소를 타이핑해서 놓고 내가 사인만 하면 바로 답신을 발송할 수 있는 시스템을 구축해 놓았더니 하루에도 몇십 통의 회신을 할 수 있게 되었다.

이렇게 대충 업무체제를 정리해 놓고 수신 철을 점검해 에이전트별로 방문계획을 세웠다. 20일 동안 동남아, 중동지역 12개국을 출장방문하기로 준비 했는데 모두 처음 가는 나라이고 또 혼자서 가야 하기 때문에 심적인 부담이 컸다.

대부분 국가의 비자는 국내에서 받을 수 있었는데 인도네시아는 싱가포르에서 비자를 받아서 가는 걸로 준비를 했다.

비행기 편은 그때그때 현지에서 예약하며 갈 수 있도록 여행사에서 국가별 도시별 비행 스케줄 표를 복사해 출발했다.

그야말로 회장님 분부대로 가방 하나 들고 처음 가는 나라에 처음 만나는 바이어를 만나기 위해 설레는 가슴을 안고 장도에 올랐다.

호텔은 현지 에이전트에게 예약을 부탁해 해결되었지만 1일 1국가를 방문하는 것은 숨 가쁜 스케줄이었다. 싱가포르에서는 공항에 도착해 택시를 타고 호텔로 가는 도중에 인도네시아 대사관에 들러 비자신청을 해 놓고 호텔에 체크인 한 후 저녁에는 에이전트를 만나 이제까지의 상담진척 상황을 점검하고 앞으로의 수주방향에 관한 정보정리를 하는 것으로 일정을 마무리하고 다음날 아침 공항으로 가는 도중에 인도네시아 대사관에 들러 비자를 찾아 인도네시아로 향했다.

혼자서 출장 가는 것이 여간 긴장되는 것이 아닌 것이, 당시 북한 공작원이 가끔 납치하는 일이 있으므로 만일의 경우에 항상 대비하는 준비를 하지 않으면 안 되었다. 그래서 아침마다 호텔에서 태권도 기본동작을 연습하고 비행기 표, 여권, 돈을 항상 몸에 지니고 다닐 수 있도록 비밀 주머니를 만들어 백 달러짜리와 잔돈을 분리 보관해 유사시에 언제든지 귀국하는 데는 문제가 없도록 준비했다.

파키스탄 카라치 공항에서 호텔로 가는 도중 북한 대사관 앞을 통과하면서 보이는 "위대한 수령 동지의 만수무강을 빕니다."라고 쓰여 있는 현수막을 보면서 섬뜩했는데 호텔 식당에서는 머리를 짧게 깎은 북한 억양을 쓰는 사람들과 인접해서 식사를 하면서 긴장되어 식사를 어떻게 했는지 모를 지경이었다.

이렇게 긴장의 연속에 첫 출장인 동남아, 중동지역 12개국을 무사히 마쳤는데 얻은 소득은 태국 체신청 T.O.T.(Telecommunication of Thailand)에 50만 달러 규모의 입찰 정보를 얻은 것이었다.

출장보고를 하자 회장님께서는 또 출장을 갔다 오라고 하시면서 현장에서 계약을 할 수 있도록 전결권을 줄 테니 회사에 앉아 있지 말고 계속 돌아다니라는 분부였다.

이렇게 정신없이 연속해 출장을 다니다 보니 홍콩, 방콕, 싱가포르, 카라치가 마치 경부선의 수원, 천안, 대전, 대구처럼 친숙해질 정도였다. 자주 해외 출장을 가다 보니 점점 자신감과 용기가 생겨서 파키스탄에서는 삼륜차 택시도 타보고 쿠웨이트에서는 픽업 택시도 타보기도 했으며 국교는 되어 있지 않지만 상업거래는 있던 시리아는 비자 받기가 어려웠기 때문에 시리아에 들어가려고 요르단에서 다마스쿠스 경유 이집트 카이로 행 비행기 표를 끊어놓고 다마스쿠스 공항에 내렸다.

비자가 없기 때문에 서두를 필요가 없어서 뒤에서 서성이고 있었는데 공항직원이 지나가기에 다가가서 얘기를 걸었다.

내가 비자가 없는데 입국하는 방법이 없겠느냐고 물으면서 여권 속에 50달러짜리를 한 장 넣은 여권을 내밀었다. 그랬더니 여권을 보다가 50달러짜리를 보더니 씩 웃으며 따라오라는 것이다. 그리고 사무실로 가서 여권을 맡기고 1일 여행 허가증을 내 주면서 내일 카이로행 비행기를 반드시 타라는 것이다.

이렇게 입국수속을 마치고 공항에 나와 택시를 타려고 두리번거리고 있는데 어떤 동양인 같이 생긴 친구가 다가오더니,

"니혼진데스까(일본인이냐)?"

"NO, I am Korean."라고 대답했더니 자기는 일본 마스시타 전기의 선풍기 판매 사원인데 선풍기를 팔려고 왔는데 택시가 비싸니까 자기와 함께 버스를 타고 다마스쿠스로 가자는 것이다.

버스는 만원이어서 앉을 자리가 없었다. 우리는 일본 친구가 가져온 대형 사각형 선풍기 샘플 2대를 나누어 갖고 그 위에 걸터앉아 왔는데 주위의 사람들이 그들과 전혀 얼굴이 다른 우리 둘을 힐끔힐끔 바라보고 있었는데 한결같이 무표정했다. 차창으로 보이는 넓은 들판에서 드문드문 일하는 집단농장의 스산한 분위기가 사회주의 사회의 한 면을 보는 듯했다.

호텔에 체크인하고 식당에 가서 주문을 하려 했으나 종업원은 멀리서 바라만 보고 오지 않더니 잠시 후에 커다란 흰 접시 다섯 장을 겹쳐 가지고 와서 내 앞에 놓고 간다. 내가 주문하려고 불러도 대꾸도 없이 가기에 하는 수 없이 기다렸는데 잠시 후에 종업원이 오더니 맨 위에 놓인 접시에 스프를 따라 놓고는 멀찌감치 떨어져 보고 있다가 내가 스프를 다 먹는 것을 확인하고는 다가와서 먹은 접시를 가져갔다.

그리고 다음 음식이 채워졌다.

이렇게 음식이 코스대로 서빙이 되고 있었다. 방으로 돌아와서 에이전트에게 전화를 신청했다. 시내전화라고 해도 자동다이얼 전화가 되지 않아서 교환수를 통해 신청을 해야 됐으며 그것도 30분이나 걸려서 겨우 통화가 되었다. 간신히 에이전트와 만나 상담을 하고 그 다음날 아침 카이로로 향했다.

중동 동남아 각국을 마치 국내 지방을 출장 다니듯 다니다 보니 불상사도 겪는 경우가 있었는데 쿠웨이트에서 싱가포르 오는 도중 스리랑카 상공에서 날개에 있던 엔진이 고장이 나서 스리랑카에 불시착하기 위해 연료를 공중에 버리며 중량을 줄이려고 비행기는 스리랑카 상공을 선회 중이라는 방송을 듣고 승객 전원이 가슴을 조이며 초조한 가운데 무사히 콜롬보 공항에 착륙해 승객 모두가 환호했다. 그리고 공항 호텔에서 1박을 한 적도 있었다.

불철주야로 누비고 다닌 보람이 있어서 그 해 수출실적이 130만 달러를 달성해 무역업 자격요건이던 70만 달러는 무난히 넘긴 셈이었다.

해외출장을 빈번히 다니다 보니 반은 해외에서 산 셈이었다.

연말에는 회장님의 분부가 있어서 귀국 도중 동경사무소에 갔더니 회장님께서 지사장과 같이 제국호텔 프랑스 요리점에서 풀코스 프랑스요리를 먹게 되었는데 회장님께서는 지사장에게 "백 차장 이 사람이 금년에 노력한 덕분에 130만 달러 실적을 올려서 오늘 저녁은 축하파티를 하려고 동경에 들러 가라고 했다." 하시면서 건배를 제안하셨다.

77년 새해가 되어 바쁜 와중에 삼성물산에서 전화가 걸려왔다. 내용인즉 내일 아침 시무식에 상을 받으러 참석해 달라는 요지였다.

이튿날 아침 시무식에 참석했더니 삼성물산 이은택 사장으로부터 난데없이 공로상을 받고 어리둥절했다. 지난해 연말에 삼성물산 수출부장이 우리가 받은 신용장을 양도해 달라는 요청이 있었는데 우리가 받은 신용장은 양도하는 데 문제가 있다고 안 된다고 했더니 그것은 자기들이 알아서 처리하겠다고 해서 양도해 준 적이 있었는데 우리가 양도해 준 24만 달러 때문에 삼성물산은 2위와 16만 달러의 근소한 차이로 수출실적 1위를 달성하는 데 결정적인 역할을 했다는 감사의 표시로 상을 수여했다는 것이다.

이어서 수상업체들을 대상으로 매일경제에서 기자회견을 하고 그 기사가 신문에 나서 주위로부터 격려전화를 받는 기쁨도 있었다.

그 해 우리나라의 수출이 80억 달러밖에 안 될 때이어서 이 정도의 수출 액수에도 신문에 관심을 가지고 다뤄지던 시절이었다.

그림1. 매일경제신문 1977년 1월 5일자 6면

그림2. 그림 1의 확대

　　경영은 휴먼 엔지니어링이다

중동 동남아 시장은 이제 그런대로 기반을 다졌으니 이번에는 아프리카를 개척하라는 회장님의 지시를 받고 회장님과 함께 동남아 지역 수출 국가를 방문 점검하기 위해 해외 출장을 동행했다.

홍콩을 거쳐 태국에 도착했는데 일요일이어서 앰버서더 호텔에 체크인 하고 호텔 근처를 걸어서 거리 구경을 하고 있었는데 한참 앞서 가시던 회장님께서 빨리 오라고 손짓하시기에 달려가 보니 회장님께서는,

"이보래이, 이 호텔은 더운물, 찬물, 에어컨 다 되고 풀장까지 있는데 하루 숙박비가 6달러란다 우리 당장 이 호텔로 옮기자."

그래서 방금 투숙했던 호텔을 취소하고 6달러짜리 호텔로 짐을 옮기고 체크인 하려고 하는데 회장님께서 "값이 싸니까 우리 여기서는 각방을 쓰도록 하자. 그리고 니는 앞으로 출장 와서 이 호텔에 한 달 묵으면서 일 보도록 해라." 하신다.

회장님과 해외출장을 다닐 때는 늘 한 방에 묵곤 해서 몹시 조심스러웠는데 오늘 밤은 좀 편히 잘 수 있겠구나 생각했다. 앰버서더 호텔은 하루 숙박비가 25달러였는데 여기서는 "두 방을 쓰고도 돈이 남는다. 오늘 저녁은 푸짐히 먹기로 하자." 하시면서 그날 저녁은 푸짐히 만찬을 하고 일찍 잠자리에 들었다.

한참 잠이 들어 곤히 자고 있는데 회장님께서 깨워서 일어나 보니 "너무 시끄러워서 잠을 잘 수가 없다. 니는 잠도 잘 자네. 당장 아까 그 호텔로 옮기자." 하시기에 상황을 살펴보니 에어컨 대신에

수냉식 룸쿨러이기 때문에 팬 돌아가는 소리가 요란하고 냉방효과도 시원치 않았고 밖에는 오토바이가 지나가는 소리가 요란해서 도저히 잠잘 수 있는 환경이 아니었다.

그래서 다시 짐을 챙겨 먼저 호텔로 가서 방에 들어가 보니 조용하고 시원해 사람 살 만했다. 그러자 회장님께서는,

"앞으로 아까 그런 호텔에는 묵지 마라. 그런 호텔에 묵으면 바이어 다 떨어진다." 하신다.

회장님과는 홍콩, 태국, 싱가포르까지는 동행했고 싱가포르에서 회장님과 헤어져서 이번에는 중동, 아프리카 지역을 집중 개척하기 위해 황열 예방접종까지 마치고 이집트, 모로코, 리비아, 케냐, 나이지리아 지역을 방문할 준비를 해 가지고 이집트 카이로에 도착해 에이전트와 상담을 마치고 다음 여정을 점검하고 있는데 회장님으로부터 전화가 걸려왔다.

"백 차장, 회사가 팔렸는데 니는 방위산업 업체인 계열사에서 일을 하도록 할 예정이므로 서둘러 귀국하지 말고 천천히 기존 거래 국가를 중심으로 방위산업 장비를 수출할 점검을 하면서 귀국하도록 하라."

그 말씀을 듣고 나는 잠시 멍하니 넋이 빠져 있었다.

"그런데 회장님, 어디에 팔렸습니까?"

"경쟁회사에 넘겼으니 그리 알아라."

계열사 Q통신은 방위산업체로서 군용 전화기 교환기를 생산하고 있었는데 이제부터는 이 제품을 수출할 수 있도록 준비를 해 가지고 귀국하라는 분부이신 것이다.

지금까지 거래하면서 안면이 있는 파키스탄, 말레이시아, 싱가포르, 태국, 인도네시아, 필리핀을 중심으로 해당국가 한국대사관의 무관을 찾아가서 군부 장비 구매담당을 소개받을 계획을 세워 귀국할 계획을 짰다.

한편 생각해 보면 기가 막힐 일이었다. 전량 수출조건으로 인가를 받은 스탈페스 통신케이블을 수출을 개척해 숨통을 텄고 고압 전력케이블을 개발해 회사의 기반이 닦여 가는데 회사가 팔렸으니 허탈하기 그지없었다.

스탈페스 통신케이블을 시작할 때부터 이 시장을 분할 독점해 오던 양대 대기업 경쟁사들은 합세해 우리를 압박하기 시작했으며 우리가 고압 전력케이블을 개발해 포항제철에서 이들을 제치고 수주에 성공하게 되자 압박 정도는 전 방향으로 전개되어 심지어는 회장님이 관세법 위반혐의로 구속되는 사태에까지 이르게 되었고 이렇게 되자 회사를 팔아야겠다는 생각을 하고 암암리에 몇몇 대기업에 의사타진했으나 많이 받아도 30억 원 이상은 받을 수 없다는 것을 확인한 중이었는데 이 정보를 입수한 경쟁사들은 전에 우리 회사 사장을 지냈던 분을 내세워 공동 인수할 의사를 타진해 오자 회장님은 값을 올릴 생각으로 수출을 아프리카까지 더욱 확대하겠다는 의지를 과시하기 위해서 이번에 나와 함께 해외출장을 동행하게 되었는데 그것이 먹혀들었는지 50억 원에 넘기기로 결정이 된 모양이었다.

그러나 우리 회사를 인수하고 나서 얼마 후에 고압 전력케이블의 가격이 10% 인상된 모양인데 양대 경쟁사가 독점하고 있던 고압 전력케이블의 국내 시장이 1,000억 원 규모이고 보니 양대 그룹사는 인상된 이익금으로 우리를 인수하고도 50억이 남는 장사를 한 셈이었다.

이것으로 피 말리며 긴장하던 드라마는 막을 내리고 중도에서 하차하는 신세가 되고 말았다.

떠나는 사람 남는 사람

회사가 경쟁사에 팔려서 새 주인이 오기로 되어 사내 분위기가 한동안 술렁이고 있었다. 회장님의 과격한 경영방식에 항상 불안과 앞날을 예측할 수 없는 불확실성에 많은 사람들이 대기업이 인수한다는 사실에 대해 안도의 한숨을 쉬었으나 한편으로는 인수 이후에 구조조정으로 불안한 자리를 걱정하기도 했다.

인수의향을 타진하고 한 달도 안 되어 회사의 매각이 마무리되려고 하자 회장님께서는 3개월 더 연장해 인계하기로 조정을 했고 인사문제도 부장급 이상은 회장님이 책임을 지고 그 이하 직급은 잔류한다는 방침이었는데 나는 그 당시 차장이어서 잔류해야 되었으나 회장님께서 책임지려던 부장 세 명과 나를 맞바꾸는 형식으로 매듭이 지어져 나는 회장님과 함께 회사를 떠나는 사람이 되었다.

그리고 3개월 연장한 속셈은 재무구조를 개선해 인수금액을 더 받아보겠다는 계산이어서 이 기간 동안 특별상여금도 지불하고 단합대회도 하면서 회사 분위기는 전에 없이 고무되어 있었다. 이로써 전량수출조건으로 인가를 받은 스탈페스 통신케이블을 수출함으로써 숨통이 틔었고 고압 전력케이블을 개발해 회사의 기반을 다지려던 꿈은 접고 주인은 바뀌었으나 회사는 지금도 건재하고 있음을 그나마 위안으로 삼고 있다.

회사를 떠나 Q통신의 무역부장으로 일을 하게 되고 얼마 후에 전 직장에서 연락이 왔는데 전에 파키스탄에 수출했던 제품이 지불거절을 당해서 그것을 해결해 달라는 내용이었다.

지난 세월을 망각의 공간에 넣어 두려던 내 앞에 또다시 옛날 일이 골칫거리로 살아 돌아온 것이다. 계약상 우발채무에 대한 책임은 회장님이 지게 되어 있었으므로 이 건은 내가 처리하지 않으면 안 되었다. 가는 곳마다 문제와 싸우며 살아야 하는 숙명적인 팔자라 생각하니 머리가 무거워지기 시작했다.

파키스탄에 수출했던 군용 통신케이블 8만 달러로 S-4 통신케이블 1,000드럼이었는데 내가 공장에 있을 때 생산해 수출한 제품으로 스토리 역사가 있는 제품이다.

이 제품은 미국 군사원조 품목이던 것을 국산화해 한국군에 납품을 하기 시작했던 야전 통신케이블로 납품 초기부터 문제가 많았는데 회사를 떠난 마당에서 다시 만나게 된 셈이다.

개발 초기에 생산원가를 줄이기 위해 편조기를 일본에서 1대 수입해 완전 분해해 부품을 100% 국산화해 사내에서 편조기를 8대 만들어서 생산하다 보니 많은 문제가 발생해 골치를 앓았다. 그 중 제일 문제가 되었던 부품의 내구성 문제를 많은 시행착오를 겪으며 극복하여 한국군에 납품하다가 파키스탄 군부에 수출한 제품이었다.

이 제품은 한 드럼 당 1/4마일의 케이블과 두 개의 커넥터로 구성되어 있는데 야전에서 사용할 때 케이블을 포설하고 커넥터를 원 터치로 연결해 사용하도록 되어 있다. 이 두 개의 커넥터 가격이 16달러로 드럼당 80달러 가격에 비추어 볼 때 제법 원가비중이 높아서 계열회사인 Q통신에서 개발해 납품해 왔는데 파키스탄에서 1,000드럼의 수주를 받았을 때 납기가 촉박해 커넥터의 공급에 문제가 생겨 선적기일을 놓치게 될 위기에 놓이게 되었다.

선적기일을 연장해 보려고도 생각했지만 만일 연장이 안 될 경우 제품재고를 처리할 문제가 염려되어 하는 수 없이 일부 불완전한 커넥터를 섞어서 우선 수출하고 나중에 수리해 주는 방법으로 해결방안을 정리했다.

상도의상 좀 신경이 쓰였으나 그 당시 은행이자가 16% 하던 때여서 우선 선적해 대금을 쓰고 클레임은 선적 후 3~4개월 걸리므로 그동안의 이자를 생각하면 클레임을 물고도 남는다는 계산이 나왔기 때문이었다.

아닌 게 아니라 4개월 후에 파키스탄 군부에서 클레임이 걸려와서 내가 파키스탄 이슬라마바드 라왈핀디에 있는 군보급소에 가서 보급관 장교와 해결방법을 논의했다.

현지에 있는 수리업체를 수배해 수리부품은 우리가 공급해 주고 현지 업체가 수리하는 것으로 처리방안을 합의하고 견적을 받았는데 1,000달러의 견적이 나왔다.

현지 에이전트가 수리업체와 계약을 맺고 대금은 우리가 에이전트에 지불하는 것으로 클레임 건은 종결되었다. 그런데 회사도 매각된 상황에서 뒤늦게 지불거절 통지가 날아와서 당황하지 않을 수 없는 상황이 되었다.

더구나 지금은 P전선 직원이 아니기 때문에 P전선에 양해를 얻어서 옛날 명함을 사용하기로 하고 현지로 향했다.

이 건의 신용장은 파키스탄 하비브 은행에서 개설하고 미국 뱅크 오브 아메리카가 보증한 신용장으로 출국 전에 뱅크 오브 아메리카 한국지점에 문의했더니 지불거절 사유가 Document Discrepancy(서류 기재 오류)라는 것이다. 기재 오류의 내용을 정확히 알아야 처리 방안이 나온다고 현지에 가서 오류내용을 확인해 오라는 것이다. 그러니까 전에 있었던 클레임과는 관련이 없다고 생각되어 일단은 안심을 했다.

그러나 클레임이라면 몰라도 수출한 지도 2년이나 넘는 이 시점에서 지불거절 통지는 상식적으로는 있을 수 없는 일이다. 신용장 발행은행에서 선적서류와 함께 대금 추심서류를 확인하는 과정에서 기재오류가 나오면 지불거절을 할 수 있는데 이미 이상이 없다고 결재를 해 놓고 2년이나 지난 지금 환불하라는 내용인데 이 정도면 소송으로 가야 할 문제인데 무언가 좀 잘못이 있다는 생각이 들었다.

카라치에 있는 하비브 뱅크에 가서 지점장을 만나 내용을 확인했는데 신용장상 금액란에 "SAY U.S. EIGHTY THOUSAND DOLLARS SAY EIGHTY THOUSAND U.S. DOLLARS"로 되어 있는데 우리 추심서류에는 "SAY EIGHTY THOUSAND U.S. DOLLARS"로 되어 있으므로 신용장과 다르다는 것이다. 신용장 원본과 마찬가지로 지우는 표시를 하지 않았다는 것이다.

말도 안 되는 상식 밖의 이유다. 그래서 지점장에게 회사에 연락해 상의해 보고 내일 다시 오겠다고 얘기하고 은행을 나왔다.

호텔로 돌아와서 본사 무역부를 통해 뱅크 오브 아메리카 한국 지점에 이 내용을 문의해 보니 이런 내용이면 뱅크 오브 아메리카가 보증은행이기 때문에 은행처리 예규 상 해결할 수 있을 것 같다는 얘기다.

이것은 아주 상식적인 문제로 하비브 뱅크 지점장만 잘 설득하면 될 일이라는 생각을 하며 호텔 로비에서 전에 같이 일했던 현지

에이전트 이쿠발 사장을 기다리다가 한국 사람을 만나게 됐는데 파키스탄 정보부에서 태권도 교관을 하고 있다기에 혹시 정보부에 높은 사람과 안면이 있냐고 물었다.

있다고 하기에 급한 대로 내가 사정이 좀 있어서 그러는데 오늘 저녁식사를 좀 주선해 줄 것을 부탁했다. 다행히 저녁약속이 되어서 급한 대로 선물도 마련해 저녁식사를 하면서 사정을 설명하고 상식적으로 문제가 되는 일이 아니므로 지점장에게 이해를 잘 시켜 주기를 부탁했다. 그 다음날 아침 선물을 준비해 지점장을 찾아갔더니 지점장은 어제와는 달리 아주 부드러운 태도가 되어 앞으로는 문제가 없을 것이라고 하기에 백배 사의를 표하고 나왔다. 이것으로 전선과의 인연은 마감을 하게 되었다.

회장님 실종되다

회장님이 실종됐다는 이야기가 그룹 내에 소리 소문 없이 돌기 시작해 비서실에 문의해 보니 어제 저녁 댁에도 오시지 않았고 아직까지 아무 연락이 없다고 한다.

P전선을 정리하면서 계열회사인 Q통신에 무역부장으로 와서 무역담당 이사로 승진해 무역을 총괄하던 때였다.

그룹 내에서는 각종 소문이 난무하고 있는 가운데 모두들 일손을 내려놓고 있는 뒤숭숭한 상태였다. 그 당시는 국보위(국가보위 비상대책회의)가 80년 5월 광주민주화 사태 이후 비상계엄령이 선포되고 국보위가 설치되어 국정을 장악하고 있던 때라서 종종 주요 인사와 기업체 장들이 실종되어 조사를 받는 일이 있던 때라 혹시 이런 유사한 관련을 추측만 난무할 뿐 조용히 시간만 흘러가고 있었다. 그런 와중에 그룹의 주력기업의 전무이사가 업무의 공백을 메우려고 회장 비서실장에게 보관되어 운영되어 오던 법인인감을 인계해 달라는 요구로 비서실장과 실랑이를 하고 있다는 얘기도 들려오고 있었다.

그런 가운데 전화벨이 울려 받아보니 회장님이었다.

"백 이사, 내 회장인데 내가 지금 시경 경제반에 와 있는데 과거 5년 치의 무환 수입통관 면장서류를 챙겨가지고 지금 바로 시경으로 오라."

이런 말씀을 듣고 순간 좀 잘못된 방향으로 간다는 생각이 들었다.

"회장님, 그걸 가져가면 관세 포탈이 되어 안 됩니다."

"그래도 그게 낫다. 빨리 가져오라."

나는 그 말씀을 듣고 서류를 챙겨들고 시경으로 달려갔다.

시경 경제반에 들어가자 회장님이 형사반장 앞에서 조사를 받고 있는 중이었다.

그때 형사반장이 눈을 부라리며,

"영감님, 내가 배임죄 정도로 물러갈 줄 알아? 여기 당신 부하들이 물증을 제시하고 있는데 이 정도면 충분히 코를 꿸 수 있소." 하고 있는 중이었다.

나는 회장님의 어깨 너머로 조서 내용을 훑어보면서 깜짝 놀랐다. 조서 내용은 위장 해외지사를 세워서 불법 외화도피를 했다는 내용이었다.

회장님께서는 외화도피가 아니라는 것을 입증하기 위해 송금된 지사경비로 회사에 필요한 자재를 사서 무환으로 보냈고 실제로 회사에 무환으로 가져온 자재들이 많이 있었으므로 무환 수입통관 면장을 가져오라고 하신 것이다.

그러나 무환으로 자재를 들여올 때는 신용장을 열지 않고 출장 갔다 올 때 가지고 와서 세관에 휴대품으로 신고하고 들여오는 방식으로 이때 신고 가격은 실제 가격보다 훨씬 낮은 견본 가격으로 신고함으로써 관세를 적게 무는 것이 일반적이어서 문제가 될 경우에는 건수가 많아서 누적관세 차액도 무시할 수 없어서 관세포탈로 몰릴 소지가 있었다.

그러니까 내가 가져간 자료는 관세포탈까지 엮이게 되므로 하나도 도움이 안 될 것 같았다.

나는 얼른 자료를 잘못 가져왔다고 얘기하고 그 자리를 빠져나와서 근처 외환은행에 근무하는 친구를 찾아가서 외환관리규정에서 해외지사원의 지사경비의 정산범위를 찾아 달라고 부탁해 규정을 보니 1인당 월 5천 달러까지는 정산의무가 면제된다는 조항을 확인하고는 그 규정을 복사하고 그룹 본사 사무실에 가서 한국은행 총재가 허가한 해외지사 허가증을 복사해 다시 시경 경제반에 갔다.

사무실에 들어서자 조사는 거의 끝나가고 있는 중이었다. 나는 형사반장께, "반장님, 조서에 유령 해외지사로 되어 있는데 여기 한국은행 총재가 허가한 해외지사 설치허가서 사본을 가져왔습니다."

하며 사본을 내밀자 형사반장은,

"당신 직책이 뭐야?" 하며 날을 세운다.

"예, 무역을 총괄하고 있는 이사입니다." 하고 답변하면서,

"그리고 여기 조서에 지사경비로 송금한 외화를 정산하지 않았기 때문에 외화도피로 보고 있는데 외환관리 규정에는 지사 요원 1인당 월 5천 달러까지는 정산의무가 면제되어 있습니다. 여기 규정사본이 있습니다." 하면서 규정사본을 내보여 주었다.

그러자 이 모습을 보고 계시던 회장님의 눈빛이 번쩍 빛나면서 조서용지 한 장을 뜯어 손으로 구기면서 슬그머니 일어나서 화장실로 향하신다.

그러자 반장 형사도 급히 회장님의 뒤를 따라 화장실로 가서 한참 후에 두 분이 돌아왔는데 이때부터 형사반장의 태도가 달라져서 옆방으로 가더니 뭐라고 떠드는 소리가 들려서 우리는 귀를 기울여 듣기 시작했다.

옆방이라고 해야 캐비닛으로 칸막이를 한 방이어서 말하는 소리가 들을 만한 정도였다. 옆방에는 회장님을 유령지사로 외화도피를 했다고 국보위에 고발한 전무이사 이하 5명의 주요 간부들이 대질심문을 할 경우에 대비해 대기하고 있었다.

"이봐, 당신들 유령지사를 설치해 외화도피를 했다고 고발했는데

여기 한국은행장의 허가증이 있는데 이게 어떻게 유령회사인가?"
하며 형사반장이 윽박지르자 "지사 설치 허가 상에 있는 몇 사람
은 인사명령이 나 있지 않은 사람입니다." 하고 답변하는 소리가 들
렸다.

"당신 직책이 뭐야?" 하며 형사반장이 묻는다.

"예, 총무부장입니다."

"이봐, 인사발령이 나고 안 나고는 당신들 사내 문제일 뿐, 여기
지사 설치 허가 상에 있는 인물은 엄연히 실존인물이 아닌가?"

하며 형사반장이 말을 잇는다.

"그리고 지사경비로 적법하게 송금한 외화를 도피했다고 했는데
외환관리 규정상 1인당 월 5천 달러까지는 정산의무가 없는데 그
게 어떻게 해서 외화도피가 되는가?"

그러자 일순 조용한 침묵이 흘렀다.

"이봐, 당신들 전무 이하 5명의 주요 간부가 이런 부실한 자료로
고발을 했는데 이건 바로 무고죄에 해당되는 거야. 그리고 개인 사
생활 관련 문제는 민사로 다룰 문제지 여기서 다룰 문제는 아니
야." 하며 우리 방으로 나오더니 회장님을 모시고 가서 그들과 대면
을 시킨다. 그리고 회장님께 묻는다.

"회장님, 이 사람들은 무고한 고발을 했으므로 무고죄로 고소할
수 있습니다. 고소하겠습니까?" 하고 묻자 회장님께서는,

"이 모든 것이 내 자신이 부덕한 탓에 생긴 일로서 매우 부끄럽

게 생각하며 이로 인해 고소와 같은 일은 없도록 하겠습니다." 하고 말씀하신다.

이것으로 사건은 종결되고 사건을 주도했던 간부들은 모두 사직 처리가 되었다. 이들은 회사의 핵심간부들로서 전무이사를 중심으로 회장님이 구속되면 혼란을 틈타서 회사를 장악해 보려는 계획으로 일을 만들었으나 실패하고 만 셈이었다. 전무이사는 국내 최고의 명문 법대 출신으로 회장님과 같이 서울대 경영대학원에서 수학하던 중 알게 된 인연으로 전무이사로 발탁되었는데 사람은 지나봐야 아는 모양이다.

오다 노부나가

회장님을 모시고 해외출장을 여러 번 다닌 적이 있었는데 공항에 나가실 때도 전투에 나가는 군인과 같이 시간에 쫓기다시피 다니셨고 항상 나와 같이 일반석을 타고 다니셨으며 호텔에도 같은 방에서 투숙하곤 했는데 2~3일 출장 시에는 항상 가방 없이 맨몸으로 다니실 때가 많았다.

그래서 어떤 때는 회장님 주무실 때 양말을 세탁해 라디에이터에 말려 드린 적도 있었다. 그러면 하시는 말씀이 초창기 일본에 출장 오실 때는 앉아서 식사하신 적이 없었고 서서 먹는 간이식당에서 식사를 때우곤 하셨다고 했다.

회장님께서는 늘 일본 책을 읽고 계셨는데 한가한 시간에는 일본의 3대 막부의 쇼군의 에피소드를 들려주시곤 했다. 새장의 새를 울게 하는데 오다 노부나가는 '울지 않으면 죽여 버리겠다.' 했고, 도요토미 히데요시는 꾀를 내서 어떻게든지 울게 만들었으며,

도쿠가와 이에야스는 울 때까지 기다린다는 유명한 에피소드도 들려 주셨다. 그 중에서도 오다 노부나가의 심복론에 대해서 늘 말씀하시곤 했는데 오다 노부나가는 속전속결하는 불같은 성격의 쇼군으로 일본통일의 야망을 향해 질풍같이 달려 통일을 눈앞에 두고 가신인 아케치 미쓰히데의 배신으로 일본 통일의 꿈을 이루지 못하고 혼노지라는 절에서 자결해 생을 마감한 인물이었다.

오다 노부나가는 심복은 계급은 낮게 대우는 넉넉히 해 주었는데 그 이유는 낮은 계급에서 초기 정보를 빨리 수집할 수 있다는 이유에서였다.

그래서 그랬는지 그룹의 대구 직매소장인 31세의 주임으로 파격적으로 승용차가 지급되었는데 퇴근 때마다 회장님이 계신 북쪽을 향해 큰 절을 올리면서 "회장님, 퇴근하겠습니다."를 외치고 퇴근했다는 이야기도 있었다.

회장님의 속전속결하는 불같은 성격은 경영에도 그대로 반영되어 사업계획을 설명할 때에는 "얼마 들어가노?" "얼마 나오노?" "언제 되노?" 하는 식의 간단명료한 방식이었다.

그리고 복도에서 영업사원을 만나면 "이달 매출 얼마 했노?" "미수금이 얼마고?" "언제 받아 오노?" 하고 속사포처럼 물어보시는 바람에 혼쭐이 나곤 해서 회장님이 나타나시면 피하는 사원도 있었다.

회장님께서 주재하시는 회의석상에서 열심히 받아 적고 있는 간부에게,

"이 봐래이, 니는 니 개인 일은 안 적어도 알고 회사 일은 적어야 아나?" 하고 호되게 혼내시는 것을 보고 그 다음부터는 적지 않고 기억하는 것이 버릇이 되어 있었는데 실제로 이렇게 기억하지 않고는 회의석상에서도 안건에 관계없는 사항도 불쑥불쑥 물어보시고 언제 어디서든지 걸려오는 회장님의 전화에 응답할 방법이 없었다.

실제로 어느 날 밤에 잠을 자다가 회장님 전화를 받은 적이 있었는데 "지금 자다가 일어났나?" 하시는 회장님의 질문에 "예, 회장님." 하고 대답하자,

"그런데 내일 어음교환이 얼마 돌아오노?" 하시는 말씀에 내가 머뭇거리자,

"야, 니 참 간도 크데이. 그것도 모르면서 잠이 오나? 난 지금 잠도 못 자고 이러고 있는데." 하시는 바람에 혼비백산해 그날 밤잠을 설친 적도 있었다. 또 한편으로는 소탈한 점도 계셔서 점심 먹으러 가자는 말씀에 간부 몇 명과 같이 따라나서며 오늘 점심은 특식이겠다는 생각으로 나섰다가 북창동 골목 순두부집에서 순두부 찌개백반으로 한 끼를 때운 적도 있었다.

240410, 이것은 회장님 주민번호 앞자리인데 회장님을 모시고 해외출장 다닐 때 내가 출입국 카드를 작성해 드리곤 해서 외워둔

숫자로 당시에는 출입국 카드에 기재해야 할 필요한 자료는 전부 암기할 정도로 준비가 되어 있었다.

업무상 필요한 자료는 거의 전부 암기할 정도로 준비되어 있지 않으면 언제 회장님 전화가 올지 모르기 때문에 암기하는 것이 버릇이 되어 다른 직장에서 일할 때도 다이어리를 안 쓰고 지냈다.

회장님께서는 공장에 자주 오시곤 했는데 오실 때마다 무엇을 지적하실지 몰라서 초비상이 되곤 하는데 어느 날 회장님께서는 가이스카 향나무를 보시면서 "저 나무 색깔이 와 저렇노?" 하시자 총무과장은,

"겨울이 돼서 그런 것 같습니다." 하고 답변을 하자 그날은 별 말씀 없이 지나가셨는데 그 다음 주에 다시 오셔서 나무를 유심히 보시면서,

"그런데 저 나무 색깔이 어째 저리 병든 것 같나?" 하시자 총무과장은,

"회장님, 죄송합니다. 제가 죽을죄를 지었습니다." 하며 자초지종을 말하기 시작했다.

이 가이스카 향나무는 수령 70~80년 되는 향나무로서 공장사무동 앞 잔디밭에 심어져 있었으며 회장님께서 매우 아끼는 향나무였기 때문에 총무과장이 각별히 신경을 써서 관리하던 나무였는데, 겨울에는 양지바르고 따뜻한 날에는 점심식사 후에 사원들이 향나무 주위 잔디밭에 앉아서 휴식을 하곤 했는데 휴식 중에

담뱃불이 잔디에 옮겨 붙으면서 향나무 밑 부분 가지가 불에 그슬리게 되었다.

이에 당황한 총무과장은 녹색 페인트 스프레이를 그슬린 나뭇가지에 뿌려 임시조치를 취해 놓고 향후 처리방안을 강구하던 중이었는데 회장님께서 재차 물으시는 바람에 회장님께서는 이미 알고 계시다는 판단이 서서 실토를 하게 된 것이다. 총무과장이 얼굴이 새파랗게 질려서 이실직고를 하자 회장님께서는 파안대소를 하시면서,

"야, 이 무식한 놈아, 아무리 겁이 나도 페인트로 문제가 해결되나? 이제 됐다." 하시며 이 문제는 끝이 났다.

그런데 총무과장은 이와 비슷한 일로 전에도 회장님께 혼이 난 적이 있었는데 그때의 악몽이 되살아나서 이번에도 단단히 혼나겠다고 생각하며 풀이 죽어 있던 차에 한 시름 크게 덜게 되었다.

회장님께서는 골치 아픈 일이 있을 때는 간부들과 저녁식사를 하신 후 더러는 회장실에서 주무실 때가 있었는데 어느 날 회장님께 혼이 나게 야단을 맞게 되었는데 회장님께서 마시다 놓고 간 양주를 누가 몰래 마시고 있다는 것이다. 그래서 어떻게 회장님께서는 아셨는지 궁금했는데 나중에 알고 보니 회장님께서는 마실 때마다 병에 표시를 해 둔 자국이 있어서 알게 되었다는 것이다. 그래서 이번에도 회장님께서 재차 물으시자 회장님께서는 이미 아시고 계신 줄 알고 이실직고를 했다는 얘기였다.

회장님께서는 겨울 동안에는 정원사가 지방 곳곳을 다니며 오래

된 정원수 정보를 수집하도록 했는데 정원사는 정원수 사진과 함께 위치, 수종, 수령 및 가격정보를 회장님께 보고하고 회장님께서 가격을 정해 주시면 정원사는 그 가격을 기준으로 그때부터 나무 주인과 협의해 가격이 결정되면 겨울 동안 옮길 준비 작업을 해 두었다가 봄에 계획을 세워 정원수들을 한 곳으로 옮기는 작업을 하곤 했다.

이 나무가격을 산정하는 데는 회장님 나름대로의 계산방법이 있었다. 나무 종류, 수령과 나무가 차지하는 면적이 나오면 이 면적에서 년간 나오는 쌀 수확량을 기준으로 수령과 수종의 상관관계를 고려해 나무가격을 산출하시곤 했다.

회장님의 인사 철학은 직선적이고도 매우 단순하였으며 오다 노부나가와 같이 불같은 성격으로 과격한 인사 조치로 물러나는 간부가 종종 있었으나 반면에 인정도 많으셔서 그 후 인사 조치로 물러났던 간부가 어렵다고 찾아올 때는 재입사시켜 다시 기회를 주는 경우도 종종 있었다.

그러나 재입사해 전보다 더 능력을 발휘하는 것을 본 적이 없어서 나는 어떤 경우라도 이런 전철을 밟지 않을 것이라고 다짐했다.

그리고 공장에는 눈 똑바로 박힌 놈 하나면 된다는 지론을 갖고 계셨는데 그 이유는 아무리 똑똑한 사람일지라도 둘이 있으면 서로 싸워서 오히려 속도가 나지 않는다는 논리였으며 이런 맥락에서 1등을 해 본 사람은 어디가 달라도 다르다는 생각으로 공고 기계과 1등을 채용한 적이 있었는데 독학으로 일본어를 터득해 일본에 출장을 보냈더니 보고 온 설비를 호텔에서 그날 밤 스케치해 두었다가 회사에 와서 기계를 설계 제작해 사용한 적이 있었고 그 후에도 설비를 자체 제작하는 데 많은 기여를 한 성공한 케이스로 생각된다.

그리고 경비실장으로 태권도 7단을 채용한 적이 있었는데 충성심을 발휘한다고 회장님께서 회사에서 주무실 때는 문 앞에서 자면서 머리를 문 가까이에 두고 자다가 회장님께서 문을 열면 즉시 알 수 있도록 했으며 퇴근 시에 현장직만 몸수색을 하던 것을 관리직도 몸수색을 하려고 시도하는 바람에 한바탕 소란을 겪은 적도 있었다.

그 당시 전자계산기가 처음 보급될 때였는데도 회장님은 중요한 결재를 할 때는 출금전표 뒷장에 3자리 수 곱셈을 수기로 계산해 확인하실 정도로 세심하셨으며, 어려운 난관에 봉착했을 때는 전쟁터에 나선 장수와도 같이 비장한 각오로 결연했으며 안 된다고 이유를 대는 간부에게는,

"안 되는 간부가 그 자리에 와 앉아 있노?" 하고 단호하게 야단치시며 오직 정면 돌파하는 데 매진하시곤 하셨다. 이러한 과격한 경영방식으로 인해 전무이사가 중심이 되어 핵심간부들이 국보위에 고발하는 사건이 생겨나기도 했다.

군바리들이
회사를 거덜 냈다

회장님께서 저녁을 같이 하도록 혜화동으로 오라는 말씀이 있어서 저녁에 혜화동 자택으로 갔다.

사모님과 함께 식사를 마치자 2층 거실로 가서 차를 마시면서,

"성삼이, 보래이. 군바리 이 사람들이 회사를 다 거덜 냈다. 그러니 내일부터 네가 회사를 맡아 해라." 하시는 말씀을 듣고 너무나 갑작스런 말씀에 깜짝 놀랐다.

"회장님, 그건 제가 할 수 있는 일이 아닙니다." 하고 말씀을 드렸더니,

"와 안 되노?" 하신다.

나는 순간 생각을 정리했다.

"회장님, 제가 Q통신에 온 지가 이제 3년밖에 안 되고 무역담당 이사가 된 지도 1년밖에 안 되는데 그런 중책을 맡기에는 아직 많

이 부족합니다. 그리고 또 중역 중에서 제가 제일 나이가 어리고 나머지 중역을 부하로 부리기에는 도저히 될 수 없는 인과관계가 있습니다.

　관리를 담당하는 박 이사는 제가 P전선에서 생산과장 시절 총무부장이었고 영업담당 김 이사는 육사 9기 예비역 대령 출신으로 제가 학군단 소위로 육군 통신학교에서 교관 시절 중령으로 학생 연대장을 하고 있었으며 공장장인 전 이사는 대학 6년 선배이기 때문에 제가 통솔하기에는 불가능하다고 생각합니다."

　이렇게 말씀드리자 회장님께서는,

　"그런데 말이야, 내 말 잘 들어 보래이. 내가 이 세 사람을 각각 불러서 회사를 맡아 하라고 했더니 이 세 사람 모두 못하겠다고 해서 그럼 백성삼이 하면 어떻겠느냐고 했더니 모두 좋다고 했다. 이제 네가 맡아서 하는 수밖에 없다." 하고 말씀하시기에 이제는 피할 방법이 없다는 것을 직감하고 생각을 다시 정리해 보았다.

　회사는 방위산업체로서 지난 4년 동안 예비역 장성 출신들이 사장을 맡아서 해왔는데 4년간 자본금 5억 원을 다 까먹고 마이너스 자본이 되어 자본잠식 상태였고 회장님 개인적으로 회사에 빌려 준 20억 원을 다 거덜 내서 지금은 회사의 존립가치가 없어진 상태였다.

　이런 사면초가인 상황에서 회사를 맡아본들 자멸의 길이 뻔하기 때문에 앞의 세 분의 중역들이 사장직을 고사한 것도 이런 점을 간파하고 나온 결과라는 생각이 들었다.

이젠 이 폭탄이 나에게 마지막으로 왔으니 내가 결론을 내려야 할 차례가 됐다. 그러나 한편 생각해 보면 지금 상태가 최악이어서 더 이상 나빠질 것도 없다는 생각이 들었다. 그리고 위기는 기회라고 하지 않았던가? 그러면 운명이라고 생각하고 한 번 해 보자.

이튿날 아침 선배 중역 세 분을 모시고 중역회의를 열었다.

"먼저 선배님 여러분들을 모시게 되어 송구스럽게 생각합니다. 오늘부터 몇 가지 업무처리 기준에 대해 말씀드리고자 합니다. 사규에는 없지만 모든 결재는 이사님들의 전결로 해 주실 것을 부탁드립니다. 그리고 전결로 처리하기 어려운 사안에 대해서는 제가 결정하는 것으로 하겠습니다.

그리고 제 방에 걸려 있는 현황판의 경영지표는 직원을 시켜 기입해 주셨으면 합니다. 그럼 앞으로 잘 부탁드립니다. 감사합니다."

이렇게 당부하는 것으로 취임인사에 대신했다.

81년 4월, 그룹에 입사한 지 11년 만에 일곱 번 승진해 서른여덟의 나이에 대표이사가 된 셈이다. 기쁨이라기보다는 지금부터 넘어야 할 고비를 생각하면 눈앞이 캄캄했다.

먼저 신입사원 세 명을 뽑기 위해 다섯 명을 선발해 놓고 운전면허를 따오는 순서대로 세 명을 입사시켰다, 그리고 세 명 모두 자재 검수과에 배치하고 임무를 주었는데 자재 수량검사, 가격검사,

품질검사 임무를 주고 일일 보고사항 중 입고가격 변동원인 분석을 중점보고토록 했으며 연간 1,000만 원을 절감할 수 있는 대체 구매 자재를 개발하면 해당부서에 발령하도록 방침을 정했다.

그리고 자재 대금을 6개월 어음으로 지급하던 것을 3개월 어음을 지급하도록 정하고 과거 잘못이 나오더라도 일체 책임을 묻지 않을 예정이나 구매부서 스스로가 가격을 내리는 데 앞장서라는 부탁을 하고 이제부터 잘못이 나올 경우는 책임을 묻겠다고 경고를 해 두었다.

그랬더니 자재 값이 떨어지기 시작했는데 심지어 어떤 자재는 반 값으로 떨어지는 경우도 생겼다. 이로 인해 그해 구매부서 모두가 신경성 위염으로 고생들을 했다는 후문이었다.

취임 며칠 후 회장님께서 하시는 말씀이 "이제까지 적자가 난 원인이 뭔지 아나? 군용전화기 1대당 15만 원은 받아야 하는데 7만5천원밖에 못 받은 것이 주요원인이다. 그러니 그것을 15만원 받도록 해라." 하는 지침을 주셨다.

방위산업물품은 수의계약이기 때문에 연초에는 임시 단가로 책정해 납품을 하면서 그동안에 발생하는 원가요인을 반영해 연말에 정산해 받기 때문에 이론적으로는 적자가 날 이유가 없었다.

그렇다면 실제로 발생하는 원가요인을 다 찾아내지 못해 적자가 났다고 볼 수밖에는 없다. 그래서 나는 국방부 원가관리 규정을 가져다가 철저히 공부했다. 그리고 제조공정을 세밀히 분석해 원가에 반영하지 못한 항목을 찾아내고 직간접 관리비 항목을 세분해 누락된 항목을 찾아내고 단가 환율변동으로 인한 적용시점의 오류로 발생한 손실을 찾아내서 원가에 반영했다. 이렇듯 혼신의 노력을 기울인 덕분에 15만 원 가격을 맞출 수 있었고 매출도 전년 대비 100% 신장하고 이익도 실현되었다.

그리고 이듬해에는 이란-이라크전이 발발해 이란에서 수출이 터지는 바람에 또 매출이 100% 신장하게 되었다. 더욱이 수출가격은 대당 20만원을 받아 많은 이익이 나서 잠식된 자본금도 회복되고 회장님께 빌린 20억 원도 갚게 되었다.

그 당시는 방위산업을 우대하던 시절이어서 여의도에서 국군의 날 행사시에는 사열대에 대통령을 비롯한 정부요인 뒷좌석에 방위산업 대표 자리를 마련해 참관토록 했으며 팀 스프리트 훈련 마지막 단계에는 미 하와이서 출격한 전폭기가 용문산 화력 시범장에서 벌이는 화력시범에 VIP로 초대받아 참관하기도 했다.

그리고 삼성반도체통신에서 64K 메모리 반도체공장 준공식에도 귀빈으로 초대받을 정도로 방위산업체가 우대를 받았다. 준공식에는 전두환 대통령이 축사를 하는 것이 통례였지만 당시 TBC 방송국 헌납문제로 상황이 좋지 못해 채 문식 국회의장이 축사를 했으며 기념품으로 64K D램 메모리 반도체로 된 넥타이핀을 받았다.

생각지도 않았던 이란 수출이 터져서 한참 수출에 정신을 못 차리고 있는데 국방부에서 이란 수출과 관련해 조사할 것이 있다고 해서 호출되어 갔더니 담당관은 미 정보당국에서 Q통신에서 이란에 미국 군사규격 통신장비를 공급하고 있다는 정보를 확인하라는 통보를 받았다는 것이다.

이 내용에 대해 나는 우리는 미국 군사규격 통신장비를 수출한 적이 없다고 하고 현재 우리가 수출하고 있는 통신장비는 미 군사규격에 의해 제조된 통신장비가 아닌 Q통신 규격으로 제조된 통신장비라고 하며 신용장을 제시했다.

과연 거기에는 Telephone Set with maker's Specification이라고 명시되어 있어서 미국 군사규격이라는 말은 한 마디도 없이 되어 있었다.

이런 일이 일어날 것에 대비해 처음 이란에서는 미국 군사규격으로 제조된 군용 통신장비를 요구했는데 우리는 미국 군사규격으로 제조된 통신장비는 미국에서 수출 통제 품목으로 묶여 있어서 수출을 할 수 없으므로 Q통신규격으로 제조한 통신장비로 수출하기로 합의해서 서류상으로는 아무런 흠을 잡을 데가 없도록 해 놓았기 때문에 이 문제는 우여곡절이 좀 있기는 했지만 그런 대로 그 당시로는 수출 우선 정책 덕분에 고비를 넘길 수 있었다.

그해 연말 무렵 회장님께서 댁으로 우리 부부를 저녁식사에 초대해 주셔서 사모님과 같이 저녁식사를 했다. 2층 거실에서 차를 마시면서 그동안의 노고를 치하하시면서 봉투를 한 장 집사람에게 주시면서 실제로 수고한 사람은 집사람이라고 하시면서 양복을 한 벌 들고 나오셨다.

"이거 한 번도 입어보지 않은 새 양복인데 니, 내하고 체격이 같으니까 함 입어 봐라." 하신다. 그래서 입어보니 내 몸에 꼭 맞았다. 그러자 회장님께서는 양복 다섯 벌을 내 주셨다.

회장님께서는 워낙 바쁘시다 보니 양복 맞추러 가실 시간이 없어서 맞춤양복점 재단사가 회장님 집무실에 와서 양복을 재단하곤 했는데 그때 여러 종류의 색상 견본을 가져와서 4~5벌의 양복을 맞추시곤 했다.

그 중에는 한 번도 입어보지 못하는 양복이 생기곤 했는데 그것을 내가 물려받은 셈이다. 덕분에 그 후 십여 년간 양복을 사지 않고 지냈으며 회식자리를 마치고 옷을 챙기다가 양복 안주머니에 금실로 새겨진 회장님의 함자를 보고 놀라는 직원도 있었다. 집에 와서 그날 회장님께서 주신 봉투를 확인해 보니 상당한 액수의 금액이 들어 있었다.

Q통신은 군용 통신장비뿐만 아니라 민수용 전화기 교환기 정류기 등 관련부품도 생산하고 있었으며 여러 건의 특허도 출원을 하는 등 회사의 발전을 향한 노력을 집중하고 있는데 국방부 합조대(합동조사대)에서 나와서 원가 감사가 시작되었다.

2개월간 계속된 조사로 정상업무가 마비될 지경이었으며 심적으로 받는 타격은 이루 말할 수가 없었다. 이 조사과정에서 배운 점도 많았다. 국방부 원가관리규정을 적용하는 데 있어서 필요한 조건을 충족시키지 못하면 원가로 인정을 받지 못해 환불하는 사태도 발생해 회사의 피해도 많을 수밖에 없다는 점이었다.

그러나 감사도 잘 마무리되고 한 시름 놓았는가 했는데 이번에는 보안사 감사가 시작되어 합조대 감사 때와는 또 다른 각도에서 감사가 진행되었다.

방위산업으로 지원받은 혜택이 민수부문에 전용되지 않았나 하는 점을 중점적으로 파고들었기 때문에 회계 상 구분이 불명확한 점이 나오면 환불 압력을 피할 수가 없었다.

그야말로 피를 말리는 하루하루를 넘기느라 여념이 없었다. 보안사 감사도 인내심을 가지고 끈질기게 대응한 보람이 있어서 몇 가지 잘못이 발견되기는 했지만 마무리가 잘 되어 이제 더 이상의 문제는 생기지 않으리라고 생각하고 있었는데 이번에는 감사원 감사가 시작되었다.

이번에는 전에 했던 두 기관의 감사가 법률상 적용을 적법하게 했는가를 보는 감사로서 이를 뒷받침할 실무적인 행위가 부실할 경우에는 이를 보강하지 않으면 안 되기 때문에 여간 곤욕을 치르는 일이 아닐 수 없었다.

감사원의 감사도 어렵게 마무리하면서 돌이켜 생각해 보니 감사

받다가 한 해를 다 보낸 것 같았다. 그런데 이번에는 엎친 데 덮친 격으로 대형 화재가 발생했다.

2층 제품창고에서 누전으로 화재가 발생해 공장 동이 전소하는 대형화재가 발생해 피해가 컸다. 더욱이 동산에 관한 화재보험을 들지 않아서 그 부문은 보험회사로부터 보상을 받지 못해 많은 타격을 받았다.

격랑의 폭풍우 속에서 순간순간을 앞만 바라보며 정신없이 달려 왔는데 여기서 내 운은 다한 것 같았다. 이제 파란만장했던 15년간의 전장을 떠나야 할 때가 왔다. 살얼음판 같은 현실세계에서 살아남기 위해서 불안과 초조한 나날을 보내며 전전긍긍하던 대표이사 4년 4개월 만에 무대에서 패전선수가 되어 내려와야 했다.

그래도 천당과 지옥을 오가며 잠 못 이루고 초조한 나날을 보내며 이제까지 그래도 용케 견뎌냈다고 생각하며 감방에 안 간 것만이라도 다행이라고 자신을 위로했다.

밴쿠버

　　　　　　파란만장했던 직장 생활을 접고 조용히 내 자신을 뒤돌아보고 정리하는 시간을 갖기로 하고 우선 1년간은 무조건 쉬기로 했다. 그동안 전쟁터와 같은 직장생활을 하느라 정신적으로나 육체적으로 피폐해질 대로 피폐해져 만사를 제쳐놓고 쉬면서 소홀했던 가족과의 생활을 돈독히 하기로 하는 가운데 내 자신의 정체성을 확인해 보고, 다음 단계의 시작을 준비할 생각으로 가족과 더불어 그동안 못 했던 여행도 하며 집안일도 하며 시간을 보낼 계획이었다.

　　무엇보다도 내 자신이 너무 지쳐 있어서 1년간 쉰다고 해도 그래도 얻는 점이 있을 걸로 생각되었다. 때로는 정도를 벗어나 정글의 법칙이 통하는 전쟁터 같은 현실 속을 누비며 어떤 때는 세관 심리실에 불리어가서 하룻밤 취조를 받고 나오면서 도로의 건널목을 한가로이 건너가는 사람들의 편안한 얼굴들이 부럽게 생각되기도 했다. 그야말로 하루도 마음 편할 날이 없이 날을 세우고 살지 않으면 살 수 없었던 시절을 보내면서 언젠가는 정도를 가야 하지 않나 하는 생각에서 안성에 터를 마련하고 자연과 더불어 피폐해진 심신을 정화하며 살아야겠다는 준비를 틈틈이 해온 덕분에 지금 이 공백을 충분히 소화할 수 있는 계기가 마련된 셈이다.

생각해 보면 이제까지 내가 걸어온 길은 많은 부분이 운이 따라 주었기 때문에 용케 살아남았다고 보아야 할 것 같다.

적지 않은 사람들이 사라진 자리에 나에게 기회가 주어졌지만 그 기회도 사실은 특혜가 아니고 나에게도 위기였던 게 사실이었다.

그 위기를 잘 헤쳐 나온 것이 내 노력과 운이 잘 맞아 떨어진 결과라고 생각한다. 그 여러 번의 위기를 용케도 잘 넘어왔지만 언젠가는 권투 선수와 마찬가지로 패하여 링 위에서 내려오는 날이 있으리라는 생각을 항상 하고 있었으며 지금이 바로 그 순간인 것이다.

승부의 세계에서 항상 이길 수만은 없는 것이다. 언젠가는 패하는 날이 필연적으로 오게 마련이다. 38세의 나이로 대표이사까지 올라가서 만 4년간 견딘 것도 평가받을 만하다고 생각하지만 이미 기억 속의 지나간 일일 뿐 지금부터는 원점에서 다시 시작해야 한다고 생각했다.

왜냐하면 이제까지 내가 해 온 일은 특수한 상황에서 난국을 맞아 해결사 역할을 했을 뿐 어느 분야의 전문성을 가지고 내세울 점이 없는 것이다. 그러므로 지금부터는 백지 상태에서 자력으로 살아갈 생각을 해야 한다고 생각했다.

  고등학교 시절 브라질 농업 이민을 가려고 준비하다가 숙부께서 학비를 대 주시는 덕에 대학을 졸업하고 지금까지 숨 가쁘게 위기의 고비들을 운 좋게도 잘 넘겨왔지만 어디까지나 내 시작점은 농업 이민자의 자화상을 생각하면서 그래도 항상 다행이라고 생각했다. 이제까지 패배를 모르고 살아오다가 한꺼번에 몰려든 위기에 좌절하기도 했지만 근본적으로 체력이 달려 물러나게 된 점을 생각하며 이 공백 기간에 체력을 보강하는 데 힘을 쏟을 계획이었다.
  가족중심으로 경영하는 중국집에서 가업이라는 개념을 얻어서 느리지만 오래 할 수 있는 일을 만들어야겠다고 생각하고 있었는데 이 기회에 가업 개념의 일을 만들어 보려고 생각했다. 그래서 지금 이 순간에 이제까지의 경력은 별 쓸모없는 것으로 보고 내가 할 수 있는 것이 무엇인지 점검해 볼 필요가 있다고 생각했다.

  누구나 농사짓는 일을 쉽게들 생각하고 있지만 이것도 전문적인 능력이 없이는 백전백패하리라 생각했다. 그래도 어느 정도 자신이 있다고 생각하는 것이 물고기 기르는 일이 아닐까 생각했다.
  회전이 빠른 양어장을 기본생업으로 삼고 농사는 집에서 소비하는 소채류, 약초 및 과일 종류를 무공해 유기농으로 재배하고 호두를 중장기 품목으로 설정해 시간을 가지고 시행착오를 겪으며 가는 동안 직장은 다닐 수 있는 데까지는 다닐 생각을 했다.

이런 구상을 구체적으로 정리하고 있는데 직장을 먼저 떠난 직장 선배가 캐나다에 투자이민을 가려고 하는데 같이 검토해 보지 않겠냐는 제의가 와서 그 부분도 검토하기로 했다.

가서 무슨 사업을 할지는 좀 생각해 봐야겠지만 우선 영구 이민 갈 생각은 없었고 가서 애들이 학교를 마치면 돌아온다는 생각으로 추진하기로 했다. 이민 브로커는 캐나다 교포인 교회 장로님이 주선해 직장 선배를 비롯해 5~6명 정도 추진하고 있었는데 우선은 현지 답사를 가서 여러 가지 추천하는 사업종류를 실사해 자기가 할 수 있는 사업을 구체화하고 사업계획서를 만들어 이민관에 제출해 승인을 받아야 추진이 되기 때문에 우선 답사를 가야만 했다.

밴쿠버 중심가에서 차로 10분만 벗어나도 원시림이 빼곡해 자연의 풍요로움이 지상낙원이라 불리어도 지나치지 않을 정도로 초행인 내 정신을 홀딱 빼버리고도 남았다.

더욱이 카프라노의 연어 양식장은 환상적이었다. 매년 회귀한 연어를 포획해 채란해 부화시켜 방류하는 방식을 보고 양어에 관심이 많았던 나에게는 많은 도움이 되었다.

전에 열대어를 양식해 본 경험이 있기 때문에 언젠가는 기회가 되면 한번 해 보려고 했던 사업이었는데 이런 대규모의 양식 현장을 보니 실감이 났다.

농축산업도 쿼터제로 되어 있어서 아무나 업을 하는 것이 아니고 우선 쿼터를 얻은 후에 일을 해야 하는데 쿼터 양만큼은 가격이 하락하더라도 정부가 구매해 수급을 조절해 가격등락으로 인한 생산자의 손실이 발생하지 않도록 정책적인 배려를 하는 것이 매우 인상적이었다.

매물로 나온 사업 중에는 햄버거 가게, 세탁소, 식료품 가게 등이 대부분이었고, 빌라 임대업이 좀 규모가 있었는데 지난해 임대수입과 세금 납입 상황이 투명하게 나와 있어서 투자수익을 바로 알 수 있는 것이 인상적이었으나 그것보다는 플라스틱 재생사업이 될 것 같았다.

왜냐하면 전선공장에 있을 때 PVC 재생작업을 해 본 적이 있기 때문에 환경문제가 대두되던 시점이라 가능성이 있을 것 같았다. 그래서 컨설턴트를 소개받아 사업계획을 의뢰했다.

일주일 후에 컨설턴트가 작성해온 사업계획서는 이러했다.

수도 토론토가 있는 온타리오 주는 인구 3백만 명으로 플라스틱 재생업체가 10여개 있는데 밴쿠버가 있는 브리티시 콜롬비아 주는 인구 50만 명인데 플라스틱 재생업체는 하나도 없으므로 허가받는 데는 전혀 문제가 없을 것이라고 하며 더욱이 전체 쓰레기양의 6%는 플라스틱이므로 재생사업을 하면 환경개선에도 크게 도움이 되므로 국가에서 지원하는 프로그램도 많을 것이라고 한다.

이 자료를 기초로 해서 사업계획서를 만들어 이민국에 제출하고 이민관과 면담을 했는데 이민관은 내 서류를 훑어보더니 아주 만족하다고 하며 필요한 토지가 얼마나 되냐고 묻기에 재생사업이기 때문에 쓰레기를 적재하고 처리하려면 많은 면적이 필요하리라 생각하고 우리 개념으로 약 1만평 필요하다고 했더니 프레이저 강변에 1만평을 연 임대료 1달러로 빌려 주겠다고 한다.

공짜라는 개념이 없기 때문에 형식상 1달러로 처리한다고 한다. 너무나 놀라운 일이다. 그리고 고용인원 임금의 50%를 정부에서 지원해 주겠다는 것이다.

그뿐만 아니라 플라스틱 쓰레기를 분리수거 해주고 자원봉사자를 동원해 수거한 플라스틱 쓰레기 중 재생 가능한 것을 분리하는 작업을 지원하겠다는 그야말로 파격적인 정부지원 프로그램에 어안이 벙벙할 따름이었다.

이렇게 되면 제조하는 데는 별 문제가 없을 것 같은데 판매처를 알아볼 필요가 있어서 조사를 해 보았다.

제일 품질이 좋은 것은 플라스틱 제조회사에서 공정 중에 나오는 스크랩으로 이것은 파레팅해 분쇄하면 바로 공정에 투입해 생산할 수 있는 것으로 이민국의 주선으로 몇 군데 플라스틱 제조업체에 가서 실사를 했는데 자기들은 스크랩 양이 적어서 재생을 못 했는데 재생해 주면 사겠다는 약속을 받았다.

그 다음 품질은 쓰레기장에서 선별해 좋은 품질의 것은 검은색 안료를 넣어 재생한 것으로 각종 용기로 사용할 수 있으며 제일 품질이 떨어지는 것은 모래를 섞어 블록으로 찍어서 방파제나 기타 도로 표지판 등으로 쓰는 용도가 다양했다. 그러나 중요한 것은 지금까지는 신문지에 한해 분리수거를 해 주었는데 이제부터는 플라스틱도 분리수거해 주겠다는 것이다.

그리고 쓰레기장에는 자원봉사자를 활용해 최종 분리수거를 하겠다는 완벽한 분리수거 체계를 구축해 주겠다는 약속을 받았다.

공무원의 일하는 자세가 이렇게 긍정적이고 적극적인 현실을 보면서 큰 충격을 받을 정도로 깊은 감명을 받았다.

너무나 적기에 필요한 사업이 여러 좋은 조건과 아우러져 사업계획상 타당성은 완벽했다. 이민국에서 사업계획이 한 번에 통과되어 이제부터는 수속절차만 밟으면 이민 가는 데는 걸림돌이 없었다. 나는 시간적으로 여유가 많았기 때문에 같이 간 일행과는 별도로 한 달 동안 체류하면서 그쪽 물정도 파악할 겸 해서 만나볼 사람들을 친구들로부터 소개를 받아 왔기 때문에 연락해 만나 보았는데 모두들 자기들이 취업이민 올 때와는 너무 차이가 나서 매우 놀라고 있었다.

자기들이 이민 올 때는 취업이민이었기 때문에 백 달러 가지고 와서 시작했는데 우리는 투자이민을 오기 위해 방을 한 달간 얻어 답사를 한다는 사실 자체에 너무 놀라워하고 있었다.

그 당시 우리는 이민 간 사람들을 부럽게 생각했던 때를 생각하니 격세지감을 느끼지 않을 수 없었다. 먼저 이민 온 사람들 중 많은 사람들이 이민 와서 한 번도 고국에 다녀온 적이 없는 사람도 많았는데 자기들끼리 만나면 낙원동에서 소주 한잔 하던 이야기가 고국의 마지막 기억으로 서로가 하도 많이 들어서 잘 아는 얘기지만 한 사람이 얘기를 시작하면 몇 번 들은 얘기라도 또 들어 주곤 하는 것이 버릇이 되어 버렸다고 하면서 이젠 다시 고국으로 돌아가고 싶다는 사람들이 많이 있었다.

농사를 하려고 준비하던 계획이 급기야 이민 수속으로 방향이 바뀌어 바삐 돌아가고 있었다. 플라스틱 재생사업을 하기 위한 자료들을 차근차근 준비하는 동안 캐나다 대사관의 인터뷰도 마치고 이민에 필요한 각종 서류를 준비하고 있었는데 부동산 값이 심상치 않게 올라가고 있었다.

물론 부동산을 지금 처분하면 이민 자금을 마련하는 데는 도움이 되겠지만 내 계획은 애들 공부가 끝나면 돌아올 생각이었으므로 돌아올 시점에서 사업에 성공하더라도 이만한 부동산을 과연 살 수 있을지 고민이 아닐 수 없었다. 그런데다 갑자기 집사람의 건강이 나빠져서 이런 상태로 이민을 추진하는 것은 무리라고 생각되어 사업하기 아주 좋은 기회였지만 더 이상 진행할 수 없는 걸로 포기할 수밖에 없었다.

또다시 원점에 서서

캐나다 투자이민 계획을 접고 내 자신을 뒤돌아보고 앞날을 헤쳐 갈 구상에 골똘하고 있었다. 전선 무역부 시절 사무실이 남대문 그랜드 빌딩에 있었는데 점심때 근처 시청 앞 중국집 골목에서 식사를 할 때가 많았다.

그럴 때마다 중국집 주인 노인장의 편안한 여유 있는 모습에 부러워할 때가 많았다. 소위 가업이라는 점에서 볼 때 중국집이야말로 모든 조건을 골고루 갖춘 완벽한 가업이라는 점이 눈에 들어오기 시작했다.

바쁠 때는 아들 딸 며느리 사위 온 가족이 힘을 합쳐 일을 하고 불황 시기에는 우선 식생활을 비롯해 최소한의 경비로 버틸 수 있으므로 살아남을 확률이 높은 점은 높이 살만하다.

또한 자녀들도 이러한 노하우를 충분히 몸에 익힌 다음 전폭적인 가족의 지원을 받으며 분가하기 때문에 성공확률이 높은 것은 말할 나위도 없다.

그렇다고 해서 모든 자녀가 다 가업을 이어받으라는 것도 아니다. 그 중에는 공부 잘하는 자녀도 있어서 자기가 좋아하는 분야에서 두각을 나타내며 사는 자녀도 있다.

일본에서 잘나가는 대기업 간부가 가업인 국수 가게를 인계받기 위해 사직을 하는 일은 종종 있는 일로서 오래 일할 수 있는 가업의 중요성을 일찍 터득한 관습으로 봐야 할 것 같다.

이제까지 회장님의 말씀을 법으로 알고 앞만 바라보며 매진하는 가운데 종업원들로부터 존경받지 못하는 부의 축적은 무슨 의미가 있으며 가정적으로도 행복하지 못하면 성공했다고 할 수 있겠는가 하는 점이었다.

미래가 불확실한 현실에서 구조조정, 해고 등으로 불안정한 회사 생활로 항상 불안정한 환경 속에서 살다가 중국집에서 가업이라는 생각이 들자 이제까지 순간순간 요령을 부려가며 살아남으려고 애쓰던 시절을 뒤돌아보며 느리지만 길게 가는 가업 생각에 몰두하게 되었다.

이런 생각을 하고 있던 때에 안성에 소류지와 인접한 쓸모없는 땅이 인연이 되어 구입하게 되었다. 계곡을 끼고 있어서 경관은 좋았으나 농사를 짓기에는 한참 거리가 먼 땅이었다.

소류지가 마음에 들었는데 육상에서 부화한 치어를 소류지에서 양식할 수 있지 않을까 하는 가능성을 생각하고 농사하기는 적합

치 않지만 장기수이고 손이 덜 가는 호두나무를 심으면 될 것 같
았다.

지금 이 시점에서 내가 그래도 할 수 있다고 생각하는 것은 열대
어를 길러 본 경험이 언젠가는 만년에 해 보겠다는 생각을 갖고 눈
여겨봤기 때문에 그런대로 감이 있었다.

이제부터는 학연, 지연 등 모든 인연을 끊고 나 홀로 살아남을
생각으로 주위에 친구는 초중고 동네 친구를 중심으로 극히 소수
의 친구 몇 명만 한정해 유지하기로 하고 모든 모임을 정리하기 시
작했다.

농사는 기본적으로 본업으로 할 만한 여건이 안 되었으므로 친
환경 유기농법으로 주곡을 제외한 소채류나 과수를 중심으로 자
가소비에 주력하고 장기품목으로 호두나무를 몇 년 전에 심어 놓
았더니 그런 대로 시간을 번 셈이다.

그래도 회전이 빠른 양어장을 해볼 생각으로 방향을 잡았다.

마침 그때 역 돔 양식이 막 시작될 무렵이어서 100평 규모의 육
상양식장을 만들어 경남 진동에 있는 국립수산연구소에서 치어를
분양받아 양식을 시작했다.

이 물고기는 민물 온수성 어종으로 학명은 틸라피아이며 민물도
미라고도 하는데 성경에 예수께서 갈릴리 호수에서 물고기 두 마
리와 빵 다섯 조각으로 5천명을 먹이고도 열두 광주리가 남았다

는 이야기에 나오는 물고기로 일명 베드로 고기라고도 한다.

이 물고기는 알로 번식하는 것이 아니고 태생으로 새끼를 바로 낳는 물고기로 열대어를 양식할 때 이런 종을 경험한 적이 있어서 양식하는 데는 문제가 없었다.

양식장은 순환 여과 방식으로 태양열 집열 장치를 비닐 막으로 만들었고 심야 온수기로 모자라는 열량을 보충하도록 했다.

사료공급기도 자동화하기 위해 타이머를 사다 만들었으며 순환 펌프는 같은 용량 세 개를 달아 펌프 하나가 고장이 나더라도 나머지 두 개는 돌아가고 있기 때문에 산소공급량이 급격히 줄어들지 않도록 했다.

고장이 나면 부자가 울리도록 해 놓았기 때문에 예비 펌프로 즉시 교환만 하면 되어서 관리자가 농사일을 하다가 부자 소리가 날 때만 관리하도록 했다.

순환여과로 걸러낸 물고기 똥은 펌프로 호두나무에 주었더니 일 년에 1m 이상 자라는 것이 확인되었다. 역 돔은 6개월 정도 기르면 1kg이 되는데 출하할 수 있는 상품이 되는 것이다.

이 무렵 친구들이 와서는 회를 해 먹을 욕심에 군침을 흘리곤 했는데 근처 절의 주지스님께서 출하에 맞춰 불공을 드려 주시겠다고 집사람에게 약속하며 그 전에는 절대 시식을 하지 않도록 당부하는 바람에 친구들에게 시식을 못 시켜 준 점은 두고두고 마음에 짐이 되었다.

물고기는 역 돔이라고 해서 힘이 아주 좋고 육질도 도미와 같은 정도로 좋아서 인기리에 팔려나갔으나 점점 양식장이 늘어나자 수금하는 데 애로가 생겼다. 식당을 겸해야 경쟁에서 살아남을 상황이 되어서 이 사업은 직장을 더 다니다가 후일 다시 하기로 하고 접고 말았다.

호두나무는 이 분야의 독보적인 전문가인 동국대학의 박 교수님을 수소문해 박사님이 개발한 한국 종 칼 호두 500주와 한국 토질에 맞게 개량한 미국 종 페칸 호두 500주 묘목을 심었다

칼 호두는 외피는 얇고 알맹이는 실하게 개발되었으며 페칸은 견과류 캔에서 나오는 번데기 모양의 미국 종 호두로 한국의 풍토에 맞게 개발된 것이다. 박 교수님은 이름 자체가 교수이기 때문에 태어날 때부터 교수로 불리는 운명의 교수님으로 박정희 대통령으로부터 식량자원화 프로그램으로 밤나무를 개발하라는 지시를 받고 이와 함께 지원받은 6만평의 연구임야에서 병충해에 강한 밤나무를 개발해 전국에 보급한 여세를 몰아 한국형 호두나무를 개발하게 되었다.

교수님 말씀에는 자기가 전문가라고 해서 나무를 잘 기를 수 있는 사람이 아니란다. 자기만큼 묘목을 많이 죽인 사람이 없다는 것이다. 그 결과로 한국 풍토에 맞는 밤나무와 호두나무를 개발하게 되었다고 말씀하신다.

용인 자연농원의 가로수가 매실나무로 되어 있는 것을 보고 계

곡 가장자리 자투리땅에는 매실나무를 심었다.

매실을 어떻게 쓰는지도 몰랐으나 자연농원에서 심은 것을 보고 그냥 심고 보니 병충해에 강해서 농약이 필요 없다는 점은 좋았다.

3년째부터는 열리기 시작했으나 용도를 몰라서 매실주를 담아놓고 주위 사람들과 나누어 먹었다.

처음에는 진입로가 없어서 마을에 방 하나를 세를 얻어서 농기구를 맡겨놓고 주말에는 그곳에서 자고 아침 일찍부터 일을 하곤 했다.

그리고 진입로를 만들고 나니 한결 일하는 데 능률이 올랐다. 산림훼손허가를 받아 10평 정도의 슬레이트 건물을 지어 전진기지로 삼고 본격적으로 산림을 개간하기 시작했다. 그런데 얼마 지나고 보니 우리가 없는 동안에 사람이 드나든 흔적이 보여서 문 쪽 방향으로 철제 울타리를 만들어 방어망을 구축했다. 그리고 계곡에서 물을 끌어다가 용수 및 관개용으로 쓰고 전기도 끌어 오니 한결 문화생활을 하는 데 도움이 되었다.

그런데 좀 더 지나다 보니 재래식 화장실이 불편하게 되어 수세식 변기로 바꾸고 심야 온수기도 설치해 온수도 사용하게 되어 문화생활의 도를 높여 갔는데 겨울이 지나자 사방에서 동파가 생겨서 봄에는 한 달 내내 수리하는 데 시간을 보내곤 했다.

자투리땅에 유실수를 몇 그루씩 심었다. 자두, 감, 대추, 체리 등

비교적 농약을 사용하지 않아도 되는 수종을 심었다.

그런데 나무는 잘 자라서 꽃도 피는데 감, 체리는 열매는 열리지 않았다.

어느 해 봄, '금년에도 감, 체리가 열리지 않으면 비어 버려야겠다.'고 얘기를 했는데 거짓말 같게도 말귀를 알아들었는지 그 해 체리와 감이 열매가 달렸다. 몇 개 달리지 않았지만 기쁜 일이었다. 그러나 감은 대봉 감 묘목을 심었는데 단감이 열린 것이다.

호 두 나 무

호두나무는 잘 자라서 수확을 하게 되었는데 추석이 지나면서 점점 수량이 줄어들면서 수확을 하면 볼품없는 수확이 되곤 했다.

주말농장으로 하다 보니 우리가 없는 주중에 마을 사람들이 따가는 것이 아닌가 하는 생각이 들기도 했다. 그러다가 어느 날 청설모가 호두나무 위에서 호두를 갉아 먹는 것이 목격되었다. 두 앞발로 호두를 잡고 호두를 갉아 먹는데 마치 그라인더로 가는 것 같은 소리를 내면서 빠른 속도로 호두를 갉아 먹고 있었다.

한참을 관찰했는데 몇 개를 갉아 먹고는 한 개는 입에 물고 사라진다. 얼마 후에 다시 나타나서 조금 전과 꼭 같은 방법으로 먹고 한 개는 물고 사라지는 것이 아닌가. 이놈이 범인인가 하고 생각을 했으나 먹어야 얼마를 먹겠나 하는 생각이 들었고 또 운치도 있으니 그냥 두고 보기로 했다.

그리고 한참 후에야 알게 되었지만 이놈들은 절대로 한꺼번에 나타나는 일이 없이 교대로 한 놈씩 계속해서 오는 것이다. 숫자가 상당히 많다는 것을 알고 이놈들을 퇴치하려고 공기총을 사서 잡기 시작했다.

잡는 족족 호두나무 밑에 묻어두었다. 퇴비가 되어 다시 호두로 돌아가라는 생각에서였다. 그러나 한여름 동안 50여 마리를 잡았는데도 끝이 보이지 않는다. 그도 그럴 것이 이놈들은 일주일에 7일 근무하는데 나는 하루밖에 근무하지 않으니 역부족일 수밖에 없다.

하는 수 없어서 지붕 재료인 플라스틱 선라이트로 호두나무 밑줄기를 감아서 이놈들이 못 올라가게 했다. 미끄러워서 못 올라갈 줄 알았는데 선라이트를 묶은 철사를 잡고 점프해 올라가는 것이 아닌가?

시행착오를 겪으며 고안한 것은 선라이트를 묶은 철사 주위에 철사로 올가미를 촘촘히 만들어 놓은 것으로 백발백중 잡히는 것을 확인하고 호두나무 전체에 올가미를 설치했다.

그 다음 주에 와서 보니 호두나무마다 청설모들이 줄줄이 교수형이 집행되어 매달려 있었다. 먹이를 지키기 위한 자연과의 처절한 한판의 싸움이었다.

그러나 사건은 여기서 끝나지 않았다. 수확한 호두를 건조시키기 위해 창고 바닥에 깔아 놓았는데 다음 주에 와서 보니 호두가 싹 없어졌다.

이것으로 이 해 농사는 빈손이 되었다고 잊고 있었는데 겨울이 되어 창고를 정리하려고 선반에 있는 박스를 내려놓고 보니 이게 웬일인가?

박스 안에는 호두가 가득 차 있는 것이 아닌가? 그래서 다른 박스들도 보니 거기도 마찬가지로 호두가 가득했다. 참으로 기이한 일이다. 한참 만에 이 모든 상황이 이해가 되었다. 이번에는 쥐들이 바닥에 있는 호두를 선반 위 박스에 옮겨 놓고 그 안에서 호두를 까먹은 흔적이 고스란히 남아 있었다.

그 큰 호두를 입에 물고 벽을 타고 올라가서 박스에 담는 모습을 상상하며 감탄과 놀람을 금할 수가 없었다.

봄이 되면 이곳저곳에서 호두나무 싹이 올라오는 것이 눈에 띄어 밑을 파보고 또 한 번 놀랐다. 호두를 청설모가 저장하려고 땅에 묻어둔 모양인데 묻어둔 곳을 잊어버렸거나 묻어두고 죽거나 해서 봄이 되어 싹이 나온 것인데 놀라운 것은 호두를 묻는데 그냥 묻는 게 아니었다. 땅에서 올라오는 습기를 방지하기 위해 호두를 묻기 전에 돌을 가지런히 깔고 그 위에 호두를 얹고 흙을 덮으므로 싹이 트는 것을 지연시키도록 고안한 것이다. 살아남기 위한 처절한 생존경쟁의 현 주소를 보는 것 같았다.

새들의 잔치

소나무 주위에 어느 때부터인가 새들이 모여들기 시작했다. 이름도 모르는 새들이 자주 출몰해 눈과 귀를 즐겁게 하곤 했다.

이렇게 새들과 가까워지면서 흥미가 생겨 결국에는 조류도감을 사다놓고 대조해 가며 새 이름을 찾기 시작했다. 그 중에서도 좀처럼 보기 드문 새가 있어서 찾아보니 후디티였다.

그리고 이 새들이 왜 모여드는가 하는 궁금증이 생기기 시작했다. 왜 이 소나무에만 모여드는가 하는 의문으로 소나무 주위를 살펴보니 이제까지의 의문이 모두 이해가 되었다. 소나무 주위에 떨어져 있는 나방이들을 먹기 위해 모여드는 것이다. 내가 모기를 많이 타서 모기퇴치 방법을 강구하던 중 유아등을 소나무에 달아 놓은 것이 원인이 되어 죽은 나방이들을 먹으려고 많은 새들이 모여든 것이다.

호 박 농 사

농사 중에서 제일 쉽고 풍성한 만족감을 주는 것은 호박농사였다. 많은 면적을 차지하고 거름도 많이 들어가지만 가을에 수확하는 풍성한 늙은 호박은 농사한 보람을 만끽하기에 충분했다.

집 현관에 그득히 쌓아놓고 겨울 내내 찾아오는 방문객들에게 나누어 주는 즐거움도 있었다. 가을이 되면 큰 구덩이를 파 놓고 겨울 내내 음식물 쓰레기를 모아다가 주말마다 구덩이에 묻어 두었다.

봄이 되어 현관에 쌓아 놓았던 호박 중에서 썩기 시작하는 것들을 구덩이에 넣고 묻어 두면 무수한 싹이 나오고 퇴비가 된 음식 쓰레기의 풍부한 영양분으로 사방으로 왕성하게 뻗어 나가며 한 해의 호박 농사가 시작된다.

이들은 서로 경쟁해 약한 놈은 죽기도 하며 다투어 열매를 맺기 시작하지만 다 먹을 수 없으므로 주위 사람들과 나누어 먹고 남는 놈들은 늙은 호박이 되어 또다시 현관으로 풍성한 수확으로 돌아온다.

농사를 시작할 무렵 골프에 입문했지만 이제는 쓸모없는 장비가 되었으나 만년에 드라이브로 볼을 저수지로 날려 버릴 수 있지 않을까 생각하며 이에 필요한 구상을 해 두었다. 볼은 물에 뜨는 볼을 사용하고 보트로 그물을 달고 다니며 볼을 회수하면 멋진 운동이 되리라 생각했다.

살아가는 데 있어서 가족이야말로 가장 중요한 요소임은 두말할 나위도 없지만 파란만장한 세월을 보내는 동안 쉬는 날은 피로에 지친 나머지 종일 잠만 자게 되는 일이 많았고 내가 생산과장을 하던 어느 해에는 구정 하루를 빼고는 1년 364일을 일한 적이 있을 정도로 가장으로서 가족과 단란한 시간을 가질 수 없어서 늘 마음 아프게 생각하고 있었지만 아내가 알뜰하게 살림살이를 잘 꾸려가 주고 집안 대소사를 도맡아서 나의 부족한 점을 메워주어서 큰 보탬이 되어 왔는데 아내가 건강이 나빠져서 모처럼의 사업을 할 수 있는 좋은 기회였던 이민도 포기하게 되었다. 중학생인 딸과 유치원행인 아들과 함께 온가족이 힘을 모아 열심히 살아가는 모습을 보여주어야 할 때라고 생각했다.

회사 업무관계 이외의 거의 모든 인간관계를 정리하고 모든 휴일과 주말에는 가족과 함께 안성에서 땀을 흘리며 능률이 떨어지기는 했어도 가업을 구축한다는 사명감을 가지고 열심히 일을 했다.

모기, 말벌, 쇠파리, 땅벌에 쏘여가며 흙에서 참으로 많은 것을 터득하며 느리게 다져 논 기초가 튼튼하고 오래간다는 확신을 가지고 모든 자투리 시간을 번민 없이 쏟아 부었다.

살고 있던 넓은 평수의 아파트를 처분해 상가주택으로 전환해 임대소득과 주거를 동시에 해결함으로써 오래 버티는 데 한 몫을 하게 됐다.

그러는 동안 전자부품 회사와 용접 자동화 관련 회사에서 중역으로 근무했으나 이때 전자산업이 중국으로 이동하는 시점과 맞물려 별다른 기여를 하지 못하고 심지어 어떤 경우에는 죄스러운 마음과 반성하는 심정으로 화장실 청소를 한 달간 하고 퇴사한 경우도 있었으며 이렇게 10여 년의 세월만 보냈다.

금의환향

　　　　　　　　부산은 나의 고향이나 다름없
는 곳이다. 평북 용천군에서 44년도에 천석꾼 지주의 3남 5녀의 막
내로 출생해서 이듬해 8.15 해방을 맞아 공산치하에서 토지를 몰
수당하여 47년도에 서울로 쫓겨와 살다가 부친은 화병으로 돌아가
시고 초등학교 1학년 때 한국전쟁을 맞게 되었다.

　전쟁 중에는 공산치하에서 서울시청 좌우에 김일성과 스탈린의
거대한 초상화를 보면서 장군가와 적군가를 부르며 지냈고, 이듬
해 1.4후퇴 때 찐빵을 한 짐 지고 얼어붙은 한강을 건너 영등포역
에서 화물열차 지붕에 올라타고 피난민의 대열에 합류하여 가족
과 함께 피난길에 올랐다.

　우리 가족은 화물열차 지붕에 올라 영등포역을 출발한 지 일주
일 만에 무사히 부산역에 도착했다. 도중에 터널을 지날 때 떨어져
죽고 덮고 있던 이불이 날아가 얼어 죽는 사람이 있었고 열차가 잠

시 역에 정차하는 동안 다투어 하차하여 가족 일원은 역할을 분담하여 땔감을 해 오고 물을 길어 와서 논두렁에서 밥을 짓고 열차가 출발신호를 하면 짓던 밥도 그대로 들고 차에 올라 달리는 열차 지붕 위에서 온가족이 숟가락만 하나씩 들고 밥솥 주위에 둘러 앉아 반찬 없는 맨밥을 먹었다. 그렇게 부산까지 왔으나 한겨울 추위에 갈 데가 없어서 역 대합실에서 한동안 지냈다. 밀려오는 피난민으로 더 이상 대합실에서 머물 수 없게 되자 미군이 역 광장에 천막을 쳐 주어 피난생활이 시작되었다.

봄이 되자 피난민들은 영주동 산 위로 이동하여 땅을 고르고 미군 보급품 포장박스인 레이션 박스로 집을 지어 살았고 다음에는 판잣집을 지어 살았다. 피난학교가 개교하여 나는 초등학교 1학년에 다시 입학했다.

산 위에서 나무에 칠판을 걸고 수업을 하고 납작한 돌조각을 주어다 앉으면 그것이 의자였다. 삼지창 같은 나뭇가지로 고무총을 만들어 새를 잡으러 다니고 버찌를 따먹고 부두에 정박해 있는 여러 종류의 배를 보며 나뭇조각을 깎아서 배를 만들어 물에 띄우며 놀기도 했다.

그러다가 장티푸스가 돌아서 내 또래의 애들 세 명이 앓아 누웠다. 약이라고 해야 아스피린과 다이아진밖에 없는 상황에서 운에 맡기는 수밖에 다른 방법이 없는 가운데 열흘 간격으로 두 명이 죽었다. 이번에는 내가 죽을 차례인데 어머니께서 들어오시더니,

"애야, 너는 살 것 같다. 다른 애들이 죽을 때는 까마귀가 울었는데 오늘 아침 까치가 우는 것을 보니 너는 꼭 살 거야!"

하신다. 하늘이 도왔는지 한 달 만에 제 발로 일어나 살아나게 되었다.

30만 명의 수용능력밖에 안 되는 도시에 200만 명 이상의 피난민이 몰려와서 부산은 레이션 박스(하꼬방) 집, 판자촌으로 변했고 국제시장이 피난경제의 중심이 되어가고 있는 와중에 대화재가 발생하여 밀집해 있던 레이션 박스 집, 판잣집은 하루아침에 잿더미가 되었다. 초등학교를 졸업하고 상경할 때까지 어린 시절을 보냈으니 부산은 내 기억 속에는 고향이나 다름없었다.

중학교 입학시험에 낙방하여 6학년에 다시 들어가 재수를 해서 간신히 중학교에 입학하여 중고등학교를 다녔지만 대학에 갈 형편은 되지 못하여 혼자서 브라질 농업 이민을 가려고 생각하고 있던 중 숙부님께서 서울대학에 들어가면 학비를 지원하겠다는 제의를 하셨다. 벼락치기 공부를 하다가 영양실조와 과로로 급성 신장염에 걸려 병마와 사투하며 서울대학에 입학했다.

학군단 장교로 임관하여 통신학교에서 교관으로 근무 중 기동타격대에 지원하여 무장공비 소탕작전에 참여했고 미국에서 도입한 신형 무선장비를 개통시킨 것이 계기가 되어 육본 통신감실에 근무하게 되었고 근무 중 전방의 야간 통신장애 문제를 해결했고 박정희 대통령 하기휴가 중 유사시에 대비하여 비상 유무선 통합 통신망을 구축하였으며 육본 통신운용대대 근무 중 울진 삼척 공비소탕 작전에도 참여했다.

대기업에 입사했으나 장사를 배워 보겠다는 생각으로 중소기업으로 옮겨 영업부 사원으로 근무 중 미국 국무성의 기술원조 프로그램에 선발되어 뉴욕에서 9개월간 연수교육을 받고 귀국했다.

그러나 차관을 들여다 시작한 회사의 신규 사업이 경쟁 대기업의 로비로 전량수출 조건으로 인가받게 되어 회사는 존폐의 기로에 서게 되었다.

회사는 배수진을 치고 차장급 이상 공장장을 정리하게 되어 74년 31세 과장으로 공장장 대행근무를 하게 되었다.

그리고 무역부로 자리를 옮겨 수출시장을 개척했고 회사는 고전압 전력케이블 시장에 사세를 확장해 나가자 경쟁 대기업에서는 전방위 압박을 가하기 시작했으며 이런 와중에 회장님이 구속되는 사태가 일어나서 회사를 경쟁 대기업에 양도하게 되어 계열회사인 Q통신 무역부장으로 가게 되었다.

Q통신은 방위산업체로 예비역 장성들이 대표이사를 했었는데 4년 동안의 적자로 자본금 5억 원이 잠식되어 (-)자본금이 되었고 회장님으로부터 빌린 가수금 20억 원도 다 날린 상태에서 81년 38세의 나이로 이사 진급한 지 1년 만에 대표이사가 되었다.

대표이사 취임 첫해에 100% 매출이 신장하며 흑자로 돌아섰고 이듬해에도 매출 100%를 신장하며 회장님 가수금 20억도 갚게 되었으나 이어서 계속되는 원가 감사에 곤욕을 치르며 총력 대응하며 혼비백산하고 있던 와중에 대형화재가 발생하여 회사를 떠나게 되었다.

드라마와 같이 숨 가쁘게 달려왔던 지난날을 뒤돌아보고 빠른 것이 항상 좋은 것만은 아니라는 교훈을 체감하며 평생 일할 수 있는 중국집의 가업에 많은 공감을 하며 가업을 발굴해 보려고 양어장도 해 보고 농사도 시도해 보았다.

몇몇 회사에서 중역으로 근무했지만 별다른 기여를 못 하고 10여 년의 세월만 보내고 간신히 살아남았다. 그러나 사업을 시작했으면 실패할 가능성이 높았을 것이라고 생각하며 지금 비행기를 타고 부산으로 가면서 46년 전 1.4후퇴 당시 화물열차 지붕을 타고 피난 가던 때를 상기해 본다.

생과 사를 가늠할 수 없는 전쟁터에서 화물열차 지붕을 타고 부산에 내려와 살아남아 이제 SA자동차의 출범과 함께 구성된 협력회사의 대표이사가 되어 비행기를 타고 내려가고 있으니 이것이야말로 금의환향이 아닌가 생각했다.

파란의 예감

회장님 말씀을 법으로 알고 숨 가쁘게 앞만 보고 달려오다가 한숨 돌려 가업을 구축해 보려고 10여 년의 시간을 내 자신의 정체성을 확인하고 다져가며 천천히 보내다가, 97년 SA자동차의 출범과 함께 창업한 자동차 부품인 와이어링 하네스를 제조하는 회사의 대표이사직을 맡게 되어 울산에 오게 되었다.

자동차 분야는 처음 접해보는 업종이었고 와이어링 하네스는 이름조차도 생소한 부품이긴 하지만 전기배선이라고 하면 금방 감이 오는 부품이었다.

기본적으로 사람의 손으로 조립해야 하는 노동집약 산업으로 전자산업과 마찬가지로 중국 등 저임금국가로 이전하지 않으면 안 되는 업종이었다.

누구나 보면 알 수 있는 제품이기는 하지만 경쟁에서 살아남기 위해서는 나름대로의 업의 개념을 명확히 갖고 있지 않으면 안 된다고 생각해서 취임 전에 경쟁사를 수소문해 견학할 기회를 가졌다.

차 한 대분의 와이어링 하네스를 만들기 위해서 1,000명의 사람이 1,000개 부품을 손으로 조립하기 때문에 숙련된 기능 인력 확보가 중요한 관건이었다.

그렇기 때문에 교육훈련을 매우 중요시하고 있었다.

경쟁사에서 자랑하고 있듯이 현장 사원 중에 10년 이상 숙련자가 반 이상이 넘는다고 하며 그래서 품질이 좋다고 하는 것이었다.

그러나 숙련 기능 인력이 많은 것은 안정된 품질을 유지하는 데는 도움이 되지만 고임금으로 인한 원가 상승은 피할 수 없는 부담이 된다.

와이어링 하네스를 해 본 적도 없이 SA자동차 출범 당시 정책적으로 수주를 받으면서 SA자동차가 주선한 일본회사와 기술제휴로 업을 시작한 회사이고 보니 제품을 생산할 수는 있겠으나 경쟁력 있는 제품을 만드는 데는 한참 거리가 먼 얘기였다. 그도 그럴 것이 기술제휴라고 해야 제조도면과 10여 명의 작업자와 관리자가 일본에서 1개월간 연수교육을 받은 것이 고작이고 그 후 일본 기술자를 파견해 지도한다는 계획이었다.

신입 사원이 입사해 습숙이 되어 정상작업이 되기까지 최소 6개월은 걸려야 한다는 것이 일본 기술제휴 선의 견해인데 신설회사이다 보니 경쟁회사에서 기능 인력을 스카우트해 와도 차종이 다르기 때문에 별 도움이 되지 않으리라 생각했으며 6개월 걸려 습숙한 인력이 이직하지 않도록 유지하는 것 또한 큰 문제가 아닐 수 없고 또 기술제휴 선의 지도비용 일당이 현장 사원 월급에 해당하는 비용이기 때문에 장기간 지원을 받기에도 한계가 있어서 우리 나름대로의 훈련시스템을 구축하지 않으면 살아남기 어렵다는 고민을 하고 있었다.

이런 와중에 청천벽력과 같은 비보가 날아들었다. 오늘 아침 회사의 대주주인 회장님께서 살고 계신 아파트에서 뛰어내려 돌아가신 것이다.

회장님은 부산에서 유통업을 오랜 기간 성공적으로 경영해 오시다가 SA자동차가 출범하는 때에 맞추어 제조업에 진출할 좋은 기회로 삼고 자동차 부품업을 시작하게 되었다.

이 무렵 대기업 백화점이 부산에 진출하게 되었고 회장님께서는 여기에 맞서서 대응하려고 사업을 확장하다가 자금경색에 휘말려 회사가 도산할 위기에 이르게 되어 이런 변고를 당하게 되었다.

이때 회사는 당시 상공회의소 회장께서 소액 주주로 계셨는데 작고하신 회장님과는 오랫동안 호제호형 하는 막역한 사이여서 작고하신 회장님의 제조업 진출을 돕는 차원에서 소액주주로 참여하게 되었는데 졸지에 이런 변고를 당해 하는 수 없이 회사를 떠안게 되었다.

취임한 지 한 달 만에 대주주의 변고로 대주주가 바뀌는 사태를 보며 아무래도 내 사주는 파란을 타고 살아야 하는 운명인 모양이다 생각하며 앞으로 닥쳐올 먹구름 장을 보는 듯해서 마음이 무거워졌다.

업의 개념

SA자동차와 함께 와이어링 하네스에 관한 기반이 전혀 없이 정책적으로 자동차부품 사업을 시작한 회사이고 나 또한 이 분야에 경험이 전혀 없기 때문에 내 자신이 창업자의 심정으로 이업의 개념을 정확히 인식할 필요가 있었다.

일본의 경우 와이어링 하네스가 자동차 필드 클레임의 25%를 차지하는 불량률이 높은 품목의 하나로서 일본 기술제휴 선의 경우를 보면 일본 A자동차가 매달 발표하는 납입품질 불량순위 10위 (WORST 10) 중에 와이어링 하네스 업체가 단골로 들어갈 정도로 불량률이 높은 품목이다.

기본적으로 1,000명의 사람이 1,000가지의 부품을 1,000m의 전선을 절단해 접속단자를 압착 조립하는 작업으로 36개 공정이 나뭇가지 모양으로 전개되기 때문에 불량의 확률이 대단히 높은 생산구조로 되어 있고 많은 현장 작업자, 중간관리자와 많은 검사공정을 거치는 특성을 가지고 있는 전형적인 노동집약적 산업이다. 이런 상황에서 SA자동차의 당시 품질목표인 25ppm을 목표로 시간대 납품을 해야 하며 1분당 납품지체 페널티는 20만원을 내야 했다.

복잡한 공정으로 인해 세부적으로 수많은 작업이 파생되기 때문에 작업자는 여러 종류의 작업을 이해하고 훈련되고 경험이 있어야 숙련된 작업을 할 수 있으며 이렇게 되기까지 많은 시간이 걸리고 이런 작업자가 퇴직을 하면 바로 생산에 차질이 날 수밖에 없다.

기술제휴 선의 경우 신입 작업자는 1개월의 교육을 받고 현장에 투입하면 6개월 정도 습숙이 되어야 정상 공수가 나온다고 한다.

그러나 나는 한 사람이 하는 작업을 세분화 단순화해 한 가지 작업만 하도록 표준화하고 매뉴얼화하면 오늘 입사한 사람을 오늘 작업에 투입할 수 있지 않을까 하고 생각했다.

그리고 이것을 전산시스템에 올리면 공정 중에 발생하는 많은 관리요소를 획기적으로 줄일 수 있으며 불량률도 획기적으로 줄일 것으로 생각했다.

평양광장에서 10만 명이 벌이는 카드섹션을 보면 김일성 얼굴도 나오고 탱크도 나오며 동화면도 등장하는 대단한 쇼를 연출하는 데 실제로 각각 한 사람이 하는 역할은 주어진 순서에 따라 단순히 카드를 들거나 내리는 것뿐이다. 이것을 가능케 한 것은 명령전달체계가 음악으로 노래 가사에 맞추어 카드를 들고 내리는 단순한 방식이 아니겠는가 생각되기 때문이었다.

이 쇼를 보여 주기 위해서 많은 교육을 하는 것이 아니라 각자가 맡은 단순한 역할을 순서에 따라 부단히 연습한 결과 예술 같은 작품을 연출했다고 보고 이것을 멘토로 삼고 우리가 적용해야 할 방법을 찾아야겠다고 생각했다. 여기에도 다기능 장기근속 개념이 도움이 됐을까?

아니다. 전부가 똑같이 동시에 잘해야 된다. 일을 하기 위해 많은 지식을 교육하는 것이 아니라 교육 없이 일을 스스로 하도록 하는 매뉴얼 체계를 구축해야 한다고 생각했다.

業의 槪念

企業統合 電算網을 通한 管理로

匠人精神에 立脚한 藝術의 境地에 이른

良質의 製品이 適期에 供給되도록 한다.

이렇게 업의 개념을 정리해 써 붙이고 이 개념에 맞는 실행 체제를 구축하는 작업을 시작했다. 어떻게(Know How), 왜(Know Why)를 가르치고 일을 시키는 것이 아니라 교육 없이 단순 세분화된 일을 먼저 시키고(Do What) 일을 하다가 문제가 생기면 왜(Know Why), 어떻게(Know How)를 스스로 터득할 수 있도록 도와주고 이런 유의 문제가 다시 나오지 않도록 매뉴얼을 고쳐가며 무한 진화하는 방식으로 일하는 방식에서 발상의 전환이 필요했다.

처음부터 바로하자
We are Perfect from Start to Finish.

우리의 가치관

깨끗하게
정확하게
빠 르 게

처음부터 바로 해 가치를 창출하는 실행 가치관의 정립이 필요했다.

필요한 장소에 필요한 4M(Men, Material, Machine & Method)이 있도록 해야 깨끗한 것이며 정확하게 작업할 수 있는 매뉴얼이 있어야 하고 또 이들은 빠르게 작업할 수 있는 방향으로 진화해야 한다. 이것이 3정5S를 실행시켜 작업에 적용하려는 개념이었다.

현장사원의 대부분이 주부사원인 만큼 이런 사람들을 상대로 3 정5S를 가르친다고 일본어 용어의 뜻을 설명하는 것은 낭비인 것이다. 3정5S의 뜻은 모르더라도 교육과 관리를 하지 않고 작업자 스스로 일할 수 있도록 처음부터 바로 하도록 매뉴얼 체계를 개발해 진화시켜야 된다고 생각했다.

많은 부품을 많은 사람이 복잡한 공정을 거치면서 작업을 하기 때문에 산재해 있는 많은 낭비를 줄여야 살아남겠다는 생각을 했다.

'활용되지 않는 교육은 낭비의 시작이다'라는 개념으로 교육 없이 처음부터 바로 할 수 있도록 DIY(Do It Yourself) 방식의 매뉴얼 체계를 구축하기 시작했다.

'관리는 비용의 시작이다'라는 개념으로 업무 프로세스를 체계적으로 정리해 중복된 관리와 불필요한 관리를 없애고 현장의 중간 관리자들도 고유작업을 하면서 필요한 최소의 관리로 관리를 최적화하도록 했다.

관리는 필요한 때 필요한 만큼 하는 최적화 개념을 적용해 전개했다.

이 업 자체가 노동집약산업이지만 시간과 비용이 많이 드는 다기능 작업자를 양성하는 대신 작업을 세분화, 표준화해 단순한 요소작업을 정량화해 전산시스템에 올릴 수 있다면 품질과 생산성을 동시에 잡을 수 있다고 생각했다.

경쟁자를 따라하는 것만으로는 살아남을 수 없다.
발상의 전환이 필요한 때이다.

위기는 파도를 타고

대표이사 취임 후 한 달 만에 대주주의 변고로 대주주가 바뀌는 파란을 겪으며 SA자동차의 가동 스케줄에 따라 실시되고 있는 공정 감사에 대비해 기술제휴선에서도 다섯 명이 와서 일주일간 공정 지도를 실시하고 300여 건의 4M(Men, Material, Machines & Methods) 지적사항을 남기고 돌아갔다.

그 후 한 달이 지날 무렵 또 공정 지도를 하겠다는 연락이 왔다.

그러나 지난달 지적사항 중에서 150여 건밖에 정리되지 못했고 지적사항 300여 건도 SA자동차에서 실시한 공정 감사 지적사항과 중복된 항목이 많았기 때문에 우리가 지적사항을 완료할 때까지 연기를 요청했다.

지난번 지도 수수료로 5천만 원을 지불했는데 이번에 와서 미완료된 부분을 또다시 지적할 가능성이 많으므로 지적사항이 완료

될 때까지 연기를 요청했으나 강력히 오겠다는 의사를 전해오므로 수락하는 대신 이번에는 지난번 지적사항은 지적하지 말고 조인트 공정 불량률이 20%가 되므로 이것을 3%로 줄이는 지도를 요청했다.

파견된 다섯 명의 지도요원들은 며칠 동안 특성요인 도를 그려가며 고심하다가 자기네들하고는 4M 사항이 달라서 방안을 제시하지 못하겠다고 귀국한 후로는 파견요청이 없었다.

얼마 후 요청이 왔는데 우리 하청업체에서 기술 유출이 있을 경우 건당 1,500만 엔씩 페널티를 물겠으며 기술 유출의 판단은 자기들이 한다는 각서를 대표이사 명의로 보내라는 내용이었다.

MM5자동차용 와이어링 하네스를 생산하기 위해서 1,000명의 인원이 필요한데 우리가 500명, 3개의 하청업체에서 500명 규모로 운영할 계획이었으며 하청업체에서 기술 유출이 일어날 경우 대비책으로 이런 각서를 요청한 것이다.

그러나 기술제휴 계약서상 이미 기술 유출 조항 및 페널티 조항이 있으므로 이에 응할 수 없다고 회신하자 그럴 경우 SA자동차 SOP(Start of Production)에 지장이 있을 것이라고 경고를 해 와 이 내용을 SA자동차 담당자와 상의를 했다. 그리고 계약서 이외의 사항을 각서로 요청하는 것은 부당하므로 동경 주재 SA자동차 기술제휴 담당인 A이사에게 연락해 이 문제를 논의하기 위해 기술제휴

선과 미팅을 주선해 주기를 요청했다.

그리고 이런 내용을 기술제휴 선에도 회신하면서 계약서 외에 각서를 요청하는 것은 일하는 문화적인 관습 차이가 아닌가 생각한다며 방문일자를 잡아 줄 것을 요청했다. 그랬더니 다음날 없던 일로 하자며 기술 유출은 우리가 책임지고 하라는 것으로 이 문제는 끝났다.

IMF 위기는 태풍의 핵으로 돌아왔다

80년대 들어서 목재산업과 신발산업의 퇴조로 부산경제를 살리기 위해서는 삼성자동차를 부산에 유치해야 한다는 움직임이 활발히 논의되면서 많은 시민단체들이 활발히 활동을 전개하였으나 기존업체들의 견제에 막혀 별다른 성과를 내지 못하고 있었다.

문민정부가 들어서자 부산에 삼성자동차를 유치하겠다는 공약을 내세워 당선된 부산 상공회의소 강병중 회장을 중심으로 시민단체들의 힘을 규합해 본격적으로 대 정부 설득작업에 돌입하게 되었다.

문민정부 내에서도 자동차업체의 신규 승인이 불가하다는 기존의 내부 결정을 뒤집기에는 각료들 간에도 치열한 찬반공방이 전개되는 와중에서 강병중 회장께서는 회사 일을 제쳐놓고 혼신의 열정을 디헤 쏟이 부은 보람이 있어 홍인길 충무비서관, 김철수 상

공부장관, 박재윤 경제수석 그리고 후임 한이헌 경제수석의 전폭적인 지원을 이끌어내는 데 성공했다.

여기에 언론도 자동차산업의 국제경쟁력을 높여야 한다는 당위성을 내세워 힘을 실어주는 바람에 숱한 비화를 남기고 삼성자동차를 부산에 유치하는 데 극적인 성공을 거두게 되었다.

SA자동차는 부산시로부터 공장용 부지로 평당 60만 원에 분양을 받았으나 갯벌을 매립한 땅으로 지반이 약해서 평당 60만 원의 파일을 박고서야 공장을 지을 수 있었다.

바람의 도시 부산에서 공장 착공 때부터 험한 난관을 극복하며 경쟁 자동차회사들의 치열한 견제의 장벽을 뛰어넘어 이제 막 신차 양산을 눈앞에 놓고 불어 닥친 IMF 위기는 험난한 앞길을 예고하는 듯했다.

합의서 운영 상황

IMF로 달러당 2,000원에 육박하는 환율과 연 20%에 달하는 금리의 폭등은 SA자동차의 출범과 함께 사업을 시작해 부채비율이 높은 우리 회사 같은 경우는 핵폭탄을 맞은 것이나 다름이 없었다.

수입 원자재 비율이 높아서 자재비가 순식간에 판매가를 넘어서는 상황이 되어서 공장을 가동하면 연 100억 원의 적자가 예상되고 가동을 하지 않고 있으면 연 60억 원의 적자가 예상되는 시점에 이르러 가격을 현실화해 주지 않는 한 더 이상 가동을 지속할 수 없다는 의사를 SA자동차 측에 전달했다. 이에 SA자동차에서도 차의 계속생산을 위해서 별다른 선택의 여지가 없었으므로 대주주의 법적 지위는 현재대로 유지한 채 SA자동차에서 운전자금을 대고 운영한다는 합의서를 맺고 SA자동차에서 3명의 관리자가 파견되어 운영하는 체제가 되었다.

자동차 빅딜 상황

동남아 금융위기 상황을 보며 안이하게 대처해 오던 정부가 IMF 위기를 맞게 되어 김대중 정부가 들어서는 계기가 되었다.

김대중 정부가 들어서자 대기업 빅딜을 통한 구조조정으로 재벌을 해체하겠다는 정책을 강력히 드라이브하려는 상황이 되었다. 이제 막 MM5가 출시되어 인기리에 팔려나가며 소비자 만족도 평가에서도 1위를 하며 감동 품질을 자랑하던 SA자동차는 갈 길을 잃고 생존의 방편으로 기아차 입찰에 참여해 활로를 모색했으나 이마저 실패하고 SA자동차가 W자동차에 흡수되는 빅딜 발표가 나오자 SA자동차는 가동을 중단하는 사태에 이르게 되었다.

협력업체도 이에 따라 필수 요원만 남기고 정리 해고를 하며 휴면 상태에 들어갈 수밖에 없었다. 빅딜 협상이 시작되면서 부산 시민연대가 중심이 되어 협력회사와 함께 재가동을 촉구하고 빅딜을 강력히 거부하며 정부 요로에 진정하는 활동이 전개되었다.

그러나 빅딜은 정책 입안자의 이상과는 달리 실무적으로 많은 문제에 봉착하며 한 발짝도 나가지 못하고 제자리걸음만 하고 있었다.

가장 큰 문제는 인수하려는 W자동차가 자금이 없어서 인수자금 6천억 원을 SA그룹 측에 빌려달라는 사태에 이르러 SA자동차가 전격적인 법정관리를 신청함으로써 빅딜은 무산되고 새로운 국면을 맞게 되었다.

이로써 SA자동차의 운명은 채권단의 손에 달리게 되었으며 정리해고 후 몇 명의 핵심요원만 남기고 숨만 쉬고 있던 우리 회사는 그동안 은행 채무에 대한 이자를 연체하게 되어 은행으로부터 회사를 경매에 부쳐 채권을 회수하려는 강제집행 절차가 진행되고 있었다. 이제 남아 있는 현금 자산도 바닥이 나서 몇 개월을 버티지 못하는 상황에 이르러 SA자동차 채권단에 의해 SA자동차의 재가동이 결정되었다.

NM자동차의 탄생

SA자동차의 매각처분 우선협상 대상자로 프랑스의 N자동차가 지정되어 협상이 진행되고 있었으나 채권단과 가격문제로 협상진행이 지지부진해 진척이 없게 되자 이제까지 간신히 숨만 쉬고 따라오던 협력업체들의 연쇄도산이 인수협상의 복병으로 떠올랐다.

인수가격과 상관없이 협력업체가 도산되면 인수해 봤자 공장을 가동할 수 없어서 협력업체의 정상가동이 인수의 전제조건이 되기에 이르렀다. 이에 따라 협력업체의 그동안 누적적자를 SA그룹에서 협력업체에 보전해 줌으로써 인수협상이 마무리되어 NM자동차시대가 열리게 되었다.

MM5 프로젝트

문민정부가 들어서면서 부산
의 정재계 시민단체 등은 그동안 부산경제를 지탱해 오던 신발, 목
재산업의 대체 산업으로 자동차산업을 유치해야겠다는 당위성을
가지고 힘을 모아 SA그룹과 연계해 대정부 설득작업에 들어가 숱
한 시련을 겪으며 SA자동차의 부산공장 유치에 성공했다.

신차 MM5는 일본 A자동차의 세로파 차량을 기본모델로 해 변
형 개발한 모델로서 국내 다른 경쟁 자동차 회사에 수직 계열화
된 부품업체는 SA자동차의 부품 공급업체로서 이용할 수 없었으
므로 부득이 SA자동차가 주선해 일본 A자동차에 부품을 공급하
는 일본 업체와 기술제휴 방식으로 부품공급업체를 개발할 수밖
에 없는 경우도 있었다. 우리 회사가 바로 이런 케이스로 업에 관
한 아무 기반도 없이 백지 상태에서 기술제휴 하나만 가지고 창업
한 경우다.

그러나 신차 MM5가 양산되기도 전에 불어 닥친 IMF 금융위기는 신차 발표와 동시에 명품 품질로 판매호조를 보이면서 자동차 품질의 새로운 장을 열려던 SA자동차의 앞날에 먹구름을 끼게 했다. 김대중 정부의 탄생과 함께 재벌 개혁정책의 일환으로 빅딜이 가속화된 것이다.

빅딜 발표와 때를 같이해 SA자동차 공장가동이 중단되고 이어서 법정관리 신청으로 SA자동차와 함께 협력회사의 운명도 청산을 눈앞에 둔 상태에서 프랑스 N자동차에 매각되어 NM자동차 시대를 맞게 되었다.

NM자동차의 출범과 더불어 경영환경도 바뀌었다. 자동차회사와 협력회사 간에 이제까지는 수직계열 관계에서 일반경쟁을 통한 계약관계로 바뀌어서 자동차회사가 협력회사를 장악하고 관리하는 것이 아니라 계약에 따른 권리의무 관점에서 업무를 전개하게 되었다. 과거에는 구매부서에서 품질, 납기, 기술지원까지 관장했으나 이 부분의 인력을 대폭 줄이고 구매부서는 구매업무만 하도록 하고 품질 납기는 협력회사가 책임지도록 해 구매방식도 수직계열화에서 자유경쟁구매 체제로 바뀌었다.

그러니까 앞으로 신차 업체선정 시에는 자유경쟁을 통해 경쟁력이 있는 기업이 공급업체로 선정되므로 여기서 탈락하면 업체의 생존이 문제가 되는 환경이 된 것이다.

우리 회사는 IMF 위기로 자재비가 판매가를 웃도는 상황에서 급속히 불어나는 적자를 더 이상 감당하기 어려운 상황이 되어 SA자동차가 운전자금을 대고 운용한다는 합의서에 의해 운용해 오던 체제에서 SA자동차가 프랑스 N자동차에 매각되기 전에 이제 까지의 적자를 보상받았으나 판매가가 현실화되지 못한 채 NM자 동차 체제로 와서 또다시 같은 문제가 생긴 것이다.

이 시점에서 가격 현실화가 되지 못하면 다음 차종부터는 국제 경쟁 입찰(Global Bidding) 형태로 공급자가 결정되기 때문에 여기서 탈락할 경우 누적되는 적자를 만회할 방법이 없어서 문을 닫을 수 밖에 없는 절박한 상황이 되었다. 그래서 하는 수 없이 판매가가 현실화된 단가를 제시하고 이 가격보다 싼 데가 있으면 물러나겠 다고 배수진을 치고 강력히 요구하자 6개월 동안 조건부로 가격을 조정해 주고 다른 공급선을 찾겠다는 선에서 합의가 되었다. 그러 니까 지금부터 6개월 후에는 일거리가 없어지는 것이다.

가격조정을 받자 가동한 지 처음으로 흑자를 기록했지만 이제부 터 새로운 거래처를 찾지 못하면 회사를 청산하지 않으면 안 되는 절박한 상황이 되었다.

그러나 이업의 기반이 전혀 없이 MM5를 시작으로 처음으로 이 업의 경험을 가져보는 업체가 신규 거래처를 개척한다는 것은 불 가능에 가까운 것으로 보였다.

그리고 국내라고 해 봐야 거래처가 빤하고 수직계열화된 상태가 되어 우리가 비집고 들어갈 틈이 없었다. 그런데 틈이 보이기 시작했다. W자동차에 전장품을 공급하고 있던 외국계 회사에서 가격 현실화가 되지 않자 공급중단을 해 W자동차 생산라인이 중단되는 사태가 벌어져 매스컴에서도 다뤄지고 있었다. 빅딜이 발표될 때 W자동차의 인수팀 담당자가 우리 회사 실사 팀으로 와서 실사를 한 적이 있어서 연락이 될 수 있었다.

W자동차에서도 골칫거리가 생겨 대안이 없었는데 우리가 접근하자 적극적으로 우리와 문제 해결방안을 논의하기 시작했다. 이 배경에는 빅딜 당시 우리 회사의 품질현황과 관리체계에 좋은 인상을 가지고 있어서 시작부터 접근이 용이했다.

문제가 된 외국계 회사는 관리만 하고 생산은 전부 하청업체에서 하고 있었기 때문에 이것을 인수하면 개발도면은 W자동차가 제공하겠다는 안이 나와서 본격적으로 검토하기 시작했다.

이런 과정에서 정보가 들어왔는데 우리 하청업체에 극비리에 NM자동차 담당자와 일본 사람이 다녀갔다는 것이다. 그리고 오가는 애기를 종합해보면 NM자동차 주도하에 일본 회사가 우리 하청업체를 인수해 부품을 공급하겠다는 내용이었다. 그러나 이것은 우리를 압박하는 수단이 될지는 몰라도 성사되지는 못한다고 생각했다. 왜냐하면 MM5는 일본 M사와 기술제휴로 개발한 제품이기 때문에 새로 개발해 대응하기에는 현실성이 없기 때문이었다.

이런 와중에 NM자동차 담당자로부터 전화가 걸려왔다.

"사장님, 본사 공장은 파실 생각은 없으세요?" 하고 묻기에,

"팔기는 왜 팝니까? 우리도 거래처 확보에 진척이 많이 된 상태인데 공장은 우리가 써야지요."라고 답변을 하자 놀라는 눈치였다.

그리고 암암리에 국내 다른 자동차회사들이 우리 상황을 점검하고 있다는 정황이 포착되었다. 그리고 하청업체로부터 계속 들어오는 정보를 보면 일본 K사에서 하청업체를 인수하면 우리 공장은 공중에 떠버리므로 NM자동차가 주선해 우리 공장을 일본 K사에 넘기려는 속셈이었다.

이를 주관하는 일본 K사 담당이 이누가따 상무라는 인적사항이 확보되어 'MM5는 우리가 일본 M사와 기술제휴로 생산하고 있는 제품이기 때문에 NM자동차가 추진하고 있는 우리의 하청업체를 인수하려는 작업은 현실성이 없으며 나중에 문제가 될 것'이라고 이누가따 상무 앞으로 편지를 보냈다.

일이 저질러지고 나면 수습하는 데 많은 문제가 되는 것을 일본 회사는 NM자동차의 말만 믿고 내용을 잘 모르고 있을 수 있으므로 사전에 알려 주면 혼선을 미리 막을 수 있지 않을까 하는 생각에서였다.

그런데 우리 생각이 적중하였는지 우리가 편지를 보낸 지 일주일 만에 K사의 이누가따 상무가 NM자동차에 와서 사업포기 문서를 전달하고 갔다는 정보가 들어왔다.

그러는 동안 6개월 조건부로 시작한 시한 중 벌써 4개월이라는 시간이 흘러가고 있었다. 앞으로 남은 시간은 2개월밖에 없는데 W자동차와 진행되는 작업이 잘 된다 해도 최소 6개월 이상은 걸리고 신규 투자자금도 마련해야 하는 어려움도 있어서 이만저만 고민이 아니었다.

그러나 NM자동차도 우리를 대체할 공급선을 찾는 고민은 마찬 가지라고 생각했다. 왜냐하면 국내 다른 경쟁자동차 쪽 협력회사 는 경쟁관계에 있는 NM자동차에 거래를 시도하는 것 자체가 금기 로 되어 있기 때문에 국내 업체를 물색하는 데는 한계가 있으므로 외국계 회사를 끌어들인 것으로 보였다. 우리도 대응방안을 정리 하는 중에 NM자동차에서 호출이 있어서 들어갔더니 난데없이 시 한을 6개월 더 연장해 줄 테니 가격을 깎아 달라는 것이다.

이로써 일본 K사의 사업포기가 사실임이 확인된 셈이며 NM자 동차는 시간을 더 벌기 위해 이런 제안을 한 것으로 판단되었다.

그러나 우리가 쫓겨나는 입장에서 가격을 내려준다는 것은 있을 수 없는 일이고 6개월 더 연장할 경우 오히려 가격을 더 올려 받아 야겠다고 얘기했으며 MM5가 종단될 때까지 우리가 계속한다는 조건이라면 검토해 보겠다고 하고 나왔다.

우리 제안으로 이 문제는 원점에서 다시 검토에 들어갔으며 MM5 를 생산 종단까지 우리가 공급하기 위해서는 자본금을 증자한다는 조건으로 합의되어 가격조정을 하고 이 사건은 마무리되었다. 그리 고 W자동차 진출 작업도 무리하다는 판단이 서서 중단했다.

이것으로 회사의 앞날이 불투명해서 한 치 앞을 가늠하기 어려웠던 파란 많던 암흑시대를 지났으나 MM5 차종이 종단되기 이전에 새로운 프로젝트를 수주하지 않으면 독자적으로 생존하기 어려우므로 새로운 거래처를 찾든가 신규 사업을 벌이든가 하지 않으면 회사를 청산할 수밖에 없는 상황이 되었다.

MM3 프로젝트

MM3는 NM자동차가 출범하고 나서 처음으로 시작하는 차종으로 일본 A자동차가 생산하고 있는 쉐리라는 차종을 한국 정서에 맞도록 개발해 생산할 계획으로 추진되는 프로젝트로 국제입찰방식으로 공급선을 결정할 예정이었다.

그런데 입찰경쟁자 중에는 놀랍게도 우리가 기술제휴하고 있는 M사도 초청하겠다는 정보가 있어서 M사에 확인해 보니 그렇다며 자기들은 참여할 생각이 없다고 통보했다는 것이다. 왜냐하면 일본의 정서로는 자기하고 기술제휴하고 있는 업체와 같이 참여해 경쟁한다는 것은 있을 수 없다는 이유에서였다.

그러나 NM자동차에서는 프랑스 N자동차 본사의 다른 프로젝트도 있으므로 M사에 압력을 넣어 결국 입찰에 참여해 우리와 경쟁하는 상황이 되었다.

그런데 더욱 우리를 어렵게 하는 것은 경쟁자 3사가 모두 중국에 공장이 있어서 중국 생산 기준으로 견적을 내는데 우리는 중국에 공장이 없기 때문에 상대적으로 불리할 수밖에 없었다.

하는 수 없어서 중국에 공장을 짓는다는 전제하에 견적서를 제출했다. 그리고 일주일 후 연락이 와서 NM자동차에 들어갔는데 프랑스인 구매본부장 K전무는 우리가 일차 우선 협상대상 회사로 지정되었는데 우리가 제출한 가격으로 3년간 원가절감 계획을 실행하고도 이익이 날 수 있다는 것을 입증을 해 오라는 것이다.

그래서 며칠 동안 작업을 해 또다시 갔는데 서류를 한참 훑어보더니 이 계산에 적용하고 있는 임금 인상률, 물가상승률, 환율 등 모든 계수는 공식통계지수를 적용해 다시 해 오라는 얘기를 듣고 다시 수정해 갔더니 이번에는 하는 말이,

"당신 회사는 일본 M사와 기술제휴로 MM5를 생산했는데 MM3는 기술제휴 없이 생산할 수 있다는 것을 증명해 오시오." 하는 것이다.

며칠 후 우리 회사는 갤로퍼, 산타페, 산타모 개발에 참여했던 엔지니어가 다섯 명 있으므로 우리도 MM3를 개발할 수 있다는 내용으로 정리해 갔더니 하는 얘기가,

"그러나 당신들은 MM3는 개발한 적이 없지 않습니까?" 하는 것이다.

그러면서 개발할 수 있다는 것을 논리적으로 입증해 오라는 것이다.

난감한 일이다. 한편, 우리가 기술제휴하고 있는 M사는 MM3의

기본모델인 일본 A자동차의 쉐리 차량 개발에 참여해 현재 일본 A자동차에 납품을 하고 있지 않은가? 이건 게임이 되지 않는 일이다. 마치 답의 원본을 가지고 있는 자와 이제부터 해 보겠다는 자와의 경쟁으로 처음부터 경쟁 상대가 될 수 없는 일이다.

그렇게 생각해 보니 MM5 가격 현실화를 배수진을 치고 강하게 요구했던 기억이 문득 떠오르며 불안한 예감이 스쳐갔다. 이번 프로젝트에 우리는 들러리로 끼어준 것이 아닐까? 입찰 참여 기회를 주지 않을 경우 공급중단 등 강력한 반격을 가해 올 경우에 대비한 포석이 아닐까? 증자요구는 이럴 경우 경영안정성의 보완적 조치가 아니었을까?

불길한 추측으로 일이 손에 잡히지 않았으나 그래도 우선협상 기회가 지금 우리 손에 있는데 마지막 순간까지 성실히 대응하기로 생각을 굳혔다.

먼저 기술제휴 계약서를 꺼내서 여기서 M사로부터 받은 기술의 실체를 점검해 보았다. MM5는 일본 A자동차의 세로파를 기본모델로 개발했기 때문에 세로파 차종에 참여했던 일본 A자동차 협력회사들과 기술제휴를 SA지동차가 주선해 주었는데 나는 계약 후 공장건축이 완성된 후 취임했기 때문에 계약 내용을 잘 모르고 있었다.

서류로 전수받은 기술 내용은, MM5 2D 제조도면 이외에는 작업지도를 받은 것밖에는 없었다. 그리고 이 도면을 가지고 SA자동차가 요구하는 설계변경을 2년 동안 400여 건을 M사의 지도 없이 우리 실력으로 설계해 우수한 시장품질을 유지하며 지금까지 온 점을 논리적으로 전개하기로 방향을 잡았다.

다시 K전무와의 면담에서 우리는 기술제휴 선에서 2D 제조도면밖에 받은 것이 없으며 우리 실력으로 2년 동안 400여 건의 설계 변경을 해서 대응해 지금까지 우수한 시장품질을 유지하고 있으며 마찬가지로 MM5를 설계변경하면 MM3가 될 수 있다는 점을 강조했다. 그랬더니 K본부장은 입가에 엷은 미소를 띠며 다음 주 공급자 결정회의를 열 예정이니 가서 기다리라는 언질을 받고 나왔다.

피를 말리는 하루하루를 보내다 다시 K전무와의 면담에서 K전무는 내 앞에 한 장의 의향서(Letter of Intention)를 내 주면서 읽어 보라는 얘기다. 거기에는 이렇게 씌어 있었다.

MM3는 귀사가 책임지고 공급할 것.
그리고 기술제휴를 하든 안 하든 귀사가 알아서 할 것.

그러니까 기술제휴를 하더라도 로열티는 원가에 반영해주지는 않겠다는 의미다. 심장이 터질 것 같은 박동을 느끼며 고맙다고 깊이 머리 숙여 몇 번이고 절을 하고 나왔다.

나중에 안 일이지만 구매결정 회의에는 프랑스인 중역 세 명과 한국인 중역 두 명이 참석해 결정했다는 얘기를 들었는데 내 생각으로는 프랑스인 중역의 도움으로 우리가 결정되는 데 큰 역할을 했다고 생각했다. 왜냐하면 대기업의 이제까지의 정서로 볼 때 이런 중요한 프로젝트를 절대로 해 본 적이 없는 업체에 맡길 리가 없기 때문이다. 잘 되면 다행이지만 잘 안 되면 책임문제가 생기므로 모험을 할 필요가 없는 것이다.

특히 다른 경쟁자들은 글로벌 업체들로 모두 중국에 공장을 가지고 있는데 우리는 앞으로 짓는다는 전제하에 내는 견적 자체가 견적 자격에서 탈락할 가능성이 높은 상황에서 수주까지 한 것은 우리 자신도 놀랄 일이었다. 외국인들의 합리성과 실리성이 보여준 한 예가 아닌가 생각된다.

해본 경험이 없는 업체는 영원히 기회가 주어지지 않을 가능성이 높은 상황에서 앞으로 중국에 공장을 짓는다는 가정 하에 제출한 견적서에 이런 결정을 내린 데는 그동안 우리가 보여준 품질 실적이 크게 도움이 되었다고 생각한다. 왜냐하면 이후에도 큰 이슈가 있을 때마다 좋은 품질실적이 도움이 되곤 했기 때문이었다. 우리와 기술제휴를 맺고 있는 회사와 글로벌 경쟁에서 수주를 하다니 정말로 하늘이 도왔다고 생각했다.

이로써 회사 존립의 첫 번째 관문은 어렵사리 통과했지만 앞으로도 생존의 길을 다양한 방면으로 헤쳐 나가야 할 과제를 안고 살아가야 했다.

휴먼 엔지니어링

업무의 흐름을 프로세스로 전개하고 기본업무와 요소업무로 세분화해 요소작업을 교육 없이 바로 작업할 수 있도록 DIY(Do It Yourself) 방식의 매뉴얼을 작성해 작업을 시도해 보았다. 만약 이것이 성공하면 많은 수의 작업자를 동시에 양성해 당일 입사 당일 작업이 가능해지는 것이다.

요소작업에 필요한 작업을 하도록 DIY 매뉴얼을 만들고 교육 없이 이것만 가지고 작업을 할 수 있게 되기까지는 많은 시행착오를 겪으며 많은 시간이 걸렸다.

주된 장애요인은, 교육에 많은 것을 가르치는 것에 익숙해 왔던 관리자들은 DIY 개념을 이해하지 못하고 노파심 때문에 매뉴얼에 주의사항, 참고사항, 보충설명, 불량사항 등을 넣음으로써 작업자가 작업을 하는데 혼란을 가져왔기 때문이었다.

그리고 같은 매뉴얼이라도 작업자마다 개인 오차가 있으므로 어떤 사람은 불량을 내는 경우가 있는데 이때마다 불량이 나오게 된 원인을 파악하고 그런 불량이 다시는 나오지 않도록 매뉴얼을 보완해 나가면서 어떤 작업자라도 바로 작업할 수 있는 매뉴얼이 되도록 진화해 나가는 것이었다.

관리자는 작업자를 교육하고 관리하는 관리자가 아니라 업무를 프로세스로 전개하고 요소작업을 누구나 바로 작업할 수 있는 매뉴얼을 만들 수 있는 휴먼 엔지니어가 되어야 한다.

공장 건물 지을 때 경비실은 지었으나 무인경비 시스템을 도입했기 때문에 경비원은 채용한 적이 없고 방문객은 경비실 창문 밖에 써 붙인 안내문에 따라 표지와 표시만 보고 필요한 부서에 가서 용무를 보도록 했다.

신입사원을 면접할 때 접견실에 오기까지 다른 사람의 도움 없이 표지 표시만 보고 왔는지 확인하고 소화기 작동 매뉴얼을 주고 소화기를 작동하는지 확인한 후 현장에 인계해 바로 작업을 하도록 했다.

3정5S

사내 모든 장소에 표지 표시를 보고 누구나 필요한 업무를 하도록 하고 지정된 장소에 지정된 부품, 공구, 물품, 등이 있는지 체크 리스트를 작성해 주간 달성도를 표시하는 3정5S 계수를 만들어 3

정5S 관리를 했다.

시행착오가 나올 때마다 주의를 주고 교육시키는 것이 아니라 부단히 표지 표시를 개선해 가면서 달성도를 높이는 방향으로 3정 5S를 관리했다.

그러니까 3정5S를 교육하지 않고 실행시키는 셈이며 단지 3정5S 계수를 보고 진화해가는 정도를 확인할 수 있었다. 그러나 처음부터 바로 하도록 DIY 매뉴얼이 정착되면서 3정5S 개념도 매뉴얼 안에 포함하게 되어 3정5S 관리도 별도로 할 필요가 없게 되었으며 3정5S란 용어는 회사 내에서 더 이상 쓸 필요가 없게 되었다.

활용되지 않는 교육과 관리는 낭비다

과거 100년의 변화가 현재 10년에 바뀌는 변화의 요인은 사람의 생각의 속도가 빨라졌기 때문인 것이다. 이런 생각의 속도가 다른 사람들을 상대로 교육과 관리로 목표를 달성하겠다는 것은 잘못된 발상이다.

사람마다 생각의 속도가 각각 다르기 때문에 교육을 해도 이해 정도가 달라져서 반드시 확인하는 관리가 뒤따라야 목적을 달성할 수 있는 것이다.

처음부터 교육과 관리가 없이 누구나 바로 할 수 있도록 요소작업에 초점을 맞추어야 한다. 이런 개념에서 그동안 소통을 위해 매달 해 오던 전체 조회를 폐지하고 주 1회 부서별로 매뉴얼 작성현

황과 신규작성 매뉴얼을 발표케 해 다음 매뉴얼 작성에 참고가 되도록 했다.

그리고 NM자동차 출범과 함께 수주한 MM3 차량을 생산하기 위한 중국 공장 가동으로 일본어 중심의 환경에 중국어, 영어가 추가되자 주 1회 회사소개를 영어 일본어 중국어 중 택일해 발표하도록 하고 회의 시작할 때 첫마디를 이들 3개 외국어 중 택일해 자기가 할 수 있는 데까지 말하도록 해 외국어의 감각을 높이도록 시도했다. 가르치는 것이 아니라 실제로 하도록 하는 것이 휴먼 엔지니어링이다.

대형 불량사고가 발생해도 징계를 하거나 시말서, 경위서를 받거나 하지 않고 차분히 원인을 규명해 다시는 이런 유의 불량이 재발하지 않도록 매뉴얼을 개정하기를 반복해 나갔다. 현장의 주부사원들도 아줌마라는 호칭 대신 주부사원으로 불리고 매뉴얼을 가지고 자신의 업무를 하고 있는 전문가라는 자부심을 갖게 했다.

망해가는 회사 아닌가?

업무에 적용되는 매뉴얼이 점차 늘어나면서 부서별로 하던 회의의 빈도수도 줄어들기 시작했으며 매뉴얼의 생활화가 정착되어 갈 무렵 캐드 관련 전산 시스템을 구축하기 위해 파견 나와 있던 업체의 사장 얘기가 처음 회사를 방문했을 때 정문에 와서 문의하려고 주위를 살폈으나 경비실에 경비원도 없고 마당에 아무도 눈에 띠는 사람도 없고 너무 조용해 의아하게 생각하고 사무실에 와서 보니 너무 조용해서 망해 가거나 아니면 아주 잘되는 회사라고 생각했다고 했다.

이 업종이 많은 종류의 부품과 많은 사람이 일하는 작업장으로 필드 클레임도 많이 발생하는 제품을 생산하기 때문에 구매부서와 품질관련 부서의 전화 사용량이 많을 걸로 예측되어 전화 국선을 10회선을 신청했는데 예상보다 업무 흐름이 순조롭게 진행되어 통화량이 적어서 사무실이 동종업체에 비해 훨씬 조용했기 때문에 나온 얘기였다.

노사문제

이 밖에도 SA 자동차가 우리 회사를 중요 관리대상 업체로 관리하고 있는 것은 협력업체 가운데 인원이 제일 많기 때문에 노조가 생기는 것에 신경을 쓰고 있었는데 현장에 노사분규로 이름난 섬유업체의 간부가 두 명 입사했다는 정보가 들어왔다.

회사로서는 별다른 대응수단이 없어서 전전긍긍하고 있었는데 얼마 후에 또 다른 정보가 들어왔다. 이들이 노조를 결성하려고 암암리에 작업을 하고 있었는데 주부사원들이 이들을 불러놓고 '이렇게 투명한 경영을 해서 우리가 일의 중심이 되어 자율적으로 일을 잘하고 있는데, 왜 노조를 결성해서 우리를 관리하려고 하느냐' 하며 주의를 주는 바람에 이 문제는 조용히 끝나버렸다. 그 후

이들 중 한 명은 자진 퇴사했고 한 명은 사내 결혼했는데 이러한 배경에는 주부사원들에게 관리자들이 관리하는 회사가 아닌 주부사원 스스로 매뉴얼 중심으로 일하는 전문가라는 자부심을 갖도록 한 것이 크게 도움이 되었다고 본다.

실제로 이후에도 주부사원들은 자기가 낸 불량을 사후에 인지하고 자진신고를 해 주어서 대량 불량유출 사고를 막은 경우도 있었으며 일본 기술자가 왔을 때 몇 마디 써먹어 보려고 스스로 일본어 공부도 하는 주부사원도 있을 만큼 현장 분위기가 밝았다.

불량이 나도 시말서를 쓰고 징계를 받고 하는 것이 아니고 조용히 원인을 파악해 매뉴얼을 수정하고 다시는 불량이 나지 않도록 하는 방식으로 관리를 했기 때문에 관리자에 대해 자유로운 소통이 되어 이런 분위기가 조성되었다고 본다.

업체가 로비하는 것 아니냐?

MM5가 생산 개시해 몇 개월이 지났는데 SA자동차 품질 책임자가 불러서 갔다. 우리와 기술제휴를 맺고 있는 일본 회사도 일본 A자동차에 매월 품질표시판에 고시하고 있는 불량회사 10위사(Worst 10)에 단골로 등록되고 있는데 우리 회사는 한 번도 등록된 적이 없어서 '업체가 품질부서에 로비를 하고 있는 게 아니냐?'고 부사장한테 야단을 맞았다고 하며 그게 사실인가 하는 내용이었다.

그런 일은 없다고 설명하면서 내 자신이 이업은 처음이고 품질의 중요성을 인식하고 필드 불량의 실상을 이해하기 위해 야간에 자동차 정비학원에 4개월간 수강을 하고 2급 정비기능사 자격증을 취득했고 불량을 근본적으로 잡기 위해서는 정확한 요소작업을 하는 것이 중요하며 로비가 임시방편이 될지는 몰라도 근본적으로 필드 클레임은 막을 수 없다고 설명했다.

그리고 검사체계로 불량을 잡겠다는 방법으로는 한계가 있기 때문에 요소작업 DIY 매뉴얼 체계를 구축해 100% 실명제 불량추적이 가능케 했으며 불량이 발생할 때마다 매뉴얼을 수정해 근본적으로 불량이 나오지 않는 작업을 하는데 초점을 맞춘 휴먼 엔지니어링 관리기법을 개발했다고 설명했다.

이 사건이 있고 나서 그 다음달에는 0ppm을 달성했으며 그 해 0ppm을 2번 달성했고 그 후에도 계속해 매월 불량 10위 회사 (Worst 10) 목록에 오른 적은 한 번도 없었다.

205

공장을 경쟁업체에 공개하다

MM5의 출시로 감동적인 품질로 명성이 높아짐에 따라 우리 회사 품질 인지도도 올라가기 시작했다. 왜냐하면 자동차 필드 클레임의 많은 부분을 차지하는 것이 와이어링 하네스 불량이었는데 이 부분의 개선이 없이 필드 클레임이 개선된다는 것은 있을 수 없다고 보기 때문이었다.

그런 이유 때문이었는지 경쟁업체들에게서 공장을 보여 달라는 제의가 들어오기 시작해서 쾌히 승낙했다. 그 대신 우리도 그쪽 공장을 보겠다는 조건이었다.

우리가 자신 있게 공개한 배경에는 공장을 아무리 개방해도 관리의 소프트웨어는 보이지도 않을뿐더러 보여 줘도 따라 할 수 없다고 생각했기 때문이었다.

그들이 견학하고 간 후 6개월이 지난 시점에서 그들 공장에 가서 보니 우리가 보여 준 것도 개선되지 못하고 있는 것이 확인되었다. 전선을 우리는 한 보빈에 2,000m 감아서 쓰고 있는데 거기서는 아직도 개선하지 않고 500m 다발로 사용하고 있었다. 우리가 전선 교체를 한 번 하는 동안 그녀들은 4번 교체를 해야 하기 때문에 전선 스크랩 불량과 작업공수도 당연히 많아지게 되는 것이다. 그러나 이런 사실을 그들도 알고 있었으리라 생각되지만 이미 설치된 시설을 바꾸는 데 많은 비용이 들기 때문에 못한 걸로 봐야 한다.

매뉴얼을 베껴가다니…

우리 회사 중역으로 있던 사람이 경쟁회사로 가고 나서 보니 회사에서 쓰고 있는 매뉴얼을 몽땅 복사해 가지고 갔다는 것이다. 놀라운 것은 복사해 갔다는 것이 아니고 매뉴얼의 소프트웨어 개념을 전혀 이해하지 못하고 있다는 점이다.

삼성 텔레비전 매뉴얼로 엘지 텔레비전을 작동해 보겠다는 것과 같은 얘기이기 때문이다. 그러다 얼마 후에는 우리 하청업체 인원 30명을 빼 갔는데 들려오는 얘기로는 그쪽 회사가 3정5S가 잡혀 있지 않기 때문에 매뉴얼 적용이 안 되어서 지도요원으로 데려갔다는 것이다.

이것은 아직도 3정5S의 실체를 이해하지 못하고 있다는 점이다. 3정5S를 가르치고 관리하겠다는 자체가 낭비인 것이다. 매뉴얼 작업을 제대로 해나가면 3정5S는 가르치고 관리하지 않아도 자연히 잡혀간다는 점을 이해하지 못하기 때문에 이런 불상사가 일어난 것이다.

DIY 매뉴얼은 관리업무에도 통했다

현장의 매뉴얼 적용이 안정되어 갈 무렵 관리업무에도 매뉴얼 적용을 해 당일입사 당일업무를 시도했다. 신입사원에게 입사와 동시에 요소업무 매뉴얼로 업무를 시작토록 하고 한 달 후 신규 파생되는 자신의 업무를 매뉴얼로 만들게 해서 발표를 시켰더니 금방 적응되었다.

이런 시도는 특수 전문분야로 여기던 경리업무를 비롯해 연구소 업무에까지 적용되어 관리직 사원이 자신의 업무 매뉴얼을 만들어 가며 진화를 거듭하게 되었다.

DIY 매뉴얼은 중국 공장에서도 통했다

MM3를 생산하기 위해 중국 청도에 진출했을 때 많은 걱정을 했는데 중국어로 번역된 간단명료한 DIY 매뉴얼은 중국사람 체질에도 더욱 잘 맞았다.

공장가동 1개월 만에 첫 번째 선적을 한 것이다. 말도 통하지 않는 중국사람들을 신규 채용해 1개월 만에 선적이 이루어진 것이다. 그러나 더욱 놀라운 것은 우리가 전수해준 매뉴얼을 소화해 중국식 매뉴얼을 빠른 속도로 진화시켜 나가고 있었으며 몇 년 후에는 이들이 구축한 매뉴얼 종류가 본사보다 훨씬 많아질 정도가 되었다.

DIY 매뉴얼은 기술제휴 선에도 통했다

우리가 중국에 진출한 후 기술 제휴선에서 우리 청도 중국 공장과 자기네 연태공장을 교환방문하자는 제의가 들어왔다. MM5만 기술제휴가 되어 있었고 MM3는 기술제휴 없이 자체기술로 생산하고 있기 때문에 우리의 동의가 필요한 점을 감안한 요청이었다.

먼저 연태공장을 방문했는데 신입사원은 1개월 다기능교육 후 작업에 투입하고 습숙도를 평가해 인증제를 실시하고 있으며 그 후 연 1회 인증평가를 다시 해서 작업능력을 유지하도록 관리를 하고 있었다. 그리고 개인별 근태, 생산성과 품질을 평가해 계수화해 인사고과에 반영하는 전형적인 일본식 관리를 하고 있었다.

그리고 청도 우리 공장을 방문해 현장에 붙어있는 품질 그래프를 보고 현장에 들어가 검사기록과 대조해 보더니 '공장 가동한 지 얼마가 되었는가?' 물어왔다.

6개월 되었다는 답변을 하자 관리를 잘하고 있다면서 교육 프로그램에 대해 묻는다. 현재는 1주일 교육하고 현장에 투입하지만 요소작업 DIY 매뉴얼로 당일 입사 당일 작업을 목표로 하고 있으며 생산성이나 품질은 고과에 반영하지 않고 문제발생 즉시 매뉴얼을 수정해 대응하고 있다고 했다.

그러자 놀라워하면서 그러면 이제부터 매월 상호방문해 벤치마킹 하자고 제의를 해 와서 그 후 한동안 상호방문 벤치마킹 활동을 계속했다.

DIY 매뉴얼은 GM에도 통했다

미국 GM자동차 디트로이트 본사 구매부에서 회사소개 프레젠테이션을 하면서 교육프로그램을 설명할 때였다.

"우리는 작업자를 교육하지 않는다.(We do not teach workers.)"라고 설명을 하자 구매본부장 이하 참석자 모두가 "뭐라고?(What?)" 하며 소리를 질렀다.

"우리는 작업자 스스로 DIY 매뉴얼을 가지고 일을 하도록 합니다. (We have them work by themselves with DIY work manual.)"

이렇게 말하자 모두의 눈빛이 번쩍 빛났다. 그리고 이어서,

"당일 입사 당일 작업 하는 것이 우리의 목표입니다.(Today come Today work is our target.)"라고 하자 구매본부장이 말했다.

"훌륭합니다.(Excellent!) 배터리 케이블 하네스도 생산합니까?" 묻기에,

"생산합니다."하고 답변하자 담당 여직원에게 당장 견적요청서를 주라고 지시를 했다.

와이어링 하네스는 많은 사람이 손으로 작업하기 때문에 품질을 확보하기 위해 어떤 교육 프로그램으로 작업자를 교육하고 있는지에 관심을 많이 가지고 있었는데, DIY가 생활화되어 있던 이들에게 DIY 매뉴얼이 순간 이해되어 위력을 발휘한 것이다. 회사 소개가 끝나고 한국사람으로 전 GM 구매부 이사로 근무하다 퇴직해 GM고문으로 근무하는 하 박사께서 멋진 프레젠테이션이었다고 격려를 해 주었다.

이때 받은 견적요청서(RFQ)는 배터리 케이블 하네스로 연간 물량 120만 세트였는데 구매방식은 인터넷 입찰방식이었다.

이 정도 물량이면 전선부터 자체 제작해 전선 제조부터 하네스까지 자동화 일관작업을 국내에서 해서 전 세계 GM 공장에 공급하면 중국에서 제조하는 것보다 경쟁력이 있다고 생각하고 입찰에 임했으나 인터넷 입찰경험이 부족해 수주에는 성공하지 못했다.

DIY 매뉴얼은 신입사원 채용에도 적용되다

DIY 매뉴얼이 진화해 가며 안정적으로 정착되어갈 무렵 신입사원 선발 시 이제까지 해 오던 사장 면접을 없애기로 했다.

평생직장을 강조하던 시대에 충신을 가름하기 위해 하던 사장 면접을 없앤 것은 평생직장 개념에서 평생직업 시대로 바뀐 지금엔 일에 필요한 전문가를 뽑아서 부장까지는 전문성으로 승부를 내야 하며 그 후에 회사 장래를 지고 갈 간부를 정해도 늦지 않다는 생각에서였다.

신입사원을 선발할 때 관리부에서 서류심사 매뉴얼로 3배수를 뽑고 입사해서 자기가 해야 할 업무 매뉴얼로 실제로 일을 시켜보고 2배수를 선발한 다음 입사해서 일해야 할 해당부서의 중역이 면접해 최종선발하기로 했다.

그러니까 사장은 이런 선발체계를 결정하는 데만 관여하고 누가 선발되는지는 입사가 결정된 후에 알게 되는 셈이다.

이렇게 선발된 신입사원은 입사 당일부터 매뉴얼로 자기 업무를 시작해 한 달 후에는 자기 업무에서 파생되는 새로운 업무의 매뉴얼을 스스로 만들어서 주간 매뉴얼 발표시간에 입사해 업무를 시작할 때 썼던 매뉴얼이 실무에 적용할 때 부족했던 점을 개선한 것과 새로 파생된 업무의 매뉴얼을 작성해 발표하도록 했다.

휴먼 엔지니어링은 EBS에도 통했다

EBS 방송국에서 EBS 활용사례 수기공모에 응모해 우리가 공부하는 목적은 취직해 일을 하기 위한 것이었는데 실제로 일을 하는 데는 우리가 공부한 많은 부분이 활용되지 못하는 경우가 많으므로 국가적으로나 개인적으로 낭비라고 생각되며 이제부터는 교육이 아니라 필요한 시기에 필요한 교육을 해 먼저 일할 수 있는 사람을 만드는 휴먼 엔지니어링을 해야 한다는 요지로 응모해 장려상을 받았으며 상금으로 30만원의 부상을 받았다.

경영은 휴먼 엔지니어링이다

변화무쌍한 경영환경에서도 살아남기 위해 고객의 요구에 즉시 대응할 수 있는 경영체제를 갖추기 위해 휴먼 엔지니어링을 해 교육과 관리를 최적화한 업무의 프로세스를 시스템화해 경쟁력 있는 경영시스템을 구축해야 한다.

교육방송 활용사례 수기 공모

성명 : 백성삼

E-mail : thsajang@chollian.net

내가 직장관계로 울산에 내려온 지도 벌써 8년에 접어든다.

처음에는 가족과 떨어져 살다 보니 남는 여유시간을 어떻게 보낼까? 하고 고민스러웠는데 50이 넘은 나이에 늦기는 했지만 이곳에 유학 왔다고 치고 공부나 하자고 마음먹고 계획을 세웠다. 그렇다. 어학을 보강하자! 영어는 그동안 무역을 하느라고 말은 통하니 일본어를 보강하기로 정하고 EBS 일본어 강좌를 시청하기 시작했다.

사실 그 당시 내 일본어 실력은 신입사원 시절에 한 달간 강의를 들은 것이 고작이어서 그 이후 업무관계상 조금씩 들은풍월로 하는 수준으로 한참 부족하다는 것을 실감하고 있는 터에 회사가 일본회사와 기술제휴를 맺고 있는 관계로 사원들의 수준이 나보다 높은 사람이 많았다.

처음에는 예약 녹화해 시간 나는 대로 무작정 듣기도 하고 보기도 하면서 이러한 것이 생활의 일부가 되어 버렸다. 그러나 시청하는 것만으로는 한계가 있다고 느껴져서 받아쓰기를 시작했다. 받아쓰고 자막과 대조해 보고 이렇게 하다 보니 해도 바뀌고 강사도 바뀌고 3, 4년이 지났을까? 문득 내 실력이 어느 정도인지 궁금해 일본 문화원에서 실시하는 일본어 능력 검정시험을 보기로 했다.

사실 우리말도 시험 보면 80점을 장담하기 어려운 상황에서 한 번도 시험 본 적이 없는 일본어를 시험 본다는 것은 신경이 쓰이기도 하고 한편 가슴 설레는 마음으로 젊은 학생들과 함께 시험장에 앉아 일본어 능력 2급에 도전했다. 자격기준 평균 60점에 76점으로 2002년도 2급 자격을 무난히 획득하고 보니, '그러면 여세를 몰아 1급을?' 하는 욕심이 생겼다. 일 년간 틈틈이 준비해 1급 기준 평균 70점, 총점 280점인데 총점 281점으로 간신히 평균 70을 턱걸이 해 2003년 일본어능력 1급 인증을 받았다.

이것을 계기로 하면 된다는 욕심과 자신이 생겨서 자, 이제부터는 중국어다. 이제부터 남은 여생은 영어 일본어 중국어 3개 외국어를 자유자재로 구사하는 것을 생의 목표로 삼고 나의 녹화 테이프는 교육방송의 예약 녹화의 무한궤도로 돌아가기 시작했고 차에 타면 라디오 교육방송이 귓전을 때리기 시작했다.

어느 날 점심시간에 늘 나오던 일본어 중국어 회화프로가 저녁 시간으로 변경되는 바람에 섭섭한 나머지 예약 녹음을 해 보기로 했다. 그런데 카세트 라디오는 예약녹음 기능이 없으므로 MP3를 찾아보니 예약기능이 있지 않은가! 한 대를 구입해 사용방법을 며칠간 씨름하다가 찾긴 찾았는데 이게 무슨 일인가? 예약녹음은 되는데 해지할 때는 수동으로 해지하지 않으면 안 되는 불편함이 있어서 예약녹음은 포기했다.

중국어는 한 번도 강의실에서 강의를 들은 적이 없지만 교육방송 덕분에 독학이 가능해졌다. 지난해 초에 중국에서 투자유치단이 우리 회사에 방문했을 때의 일이다. 회사 프레젠테이션을 사장인 내가 직접 중국어로 하면 중국어 공부하는 동기를 유발시키는 계기가 되지 않을까 해서 준비를 하였는데 회사 내용을 한자로 작성했기 때문에 설사 발음이 시원치 않아도 내용은 알 수 있겠고 또 통역이 있으므로 배짱이 생겼기 때문이다.

방문단이 왔고 회사 안내가 시작되었다. 물론 사내 간부들과 방문단은 사장이 우리말로 설명하고 통역이 통역할 것으로 생각했을 것이다. 내가 중국어로 프레젠테이션을 시작하자 주위가 물 끼얹은 듯이 조용해졌다.

나중에 통역이 내가 중국에 얼마나 있었느냐고 묻기에 두 번 갔다 온 것밖에 없다고 했다. "사장님, 놀랍습니다. 중국 일을 오래하신 줄 알았습니다. 그럼 어디서 중국어를 배웠습니까?" 하기에 혼자서 텔레비전과 라디오로 공부했다고 하자. 또 한 번 놀라는 것이 아닌가?

"사장님, 정말 부끄럽습니다. 저는 중국어를 전공하고 중국에서

1년간 근무하다 왔는데 정말 놀랍습니다." 하는 것이 아닌가.

기분이 괜찮았다. 그래서 방문단이 돌아간 후에 간부들에게 얘기했다.

"어학은 공부가 아니라 훈련이고 연습이다. 읽고 쓰는 방식의 문법 위주 영어교육은 10년을 공부해도 외국인과 만나면 한 마디도 못하고 무너지는 것은 교육방법이 잘못되었다고 생각한다. 언어는 듣고 말하고 쓰는 순서로 연습이 우선되어야 활용이 가능하다고 생각한다. 짧은 몇 마디 말로 의사가 소통되면 자신감이 생겨 더욱 흥미를 갖고 더 잘해 보려는 욕심이 생기는 법이다."

내 자신도 처음으로 중국어로 프레젠테이션을 했다는 데 자신이 생겼다. 그래서 그 후 중국에 출장 갔을 때 방문목적과 내용에 관한 몇 마디를 미리 연습해 중국어로 얘기했더니 감탄하면서 자기들이 한국에 여러 회사를 방문했는데 사장이 중국어로 직접 얘기한 데는 우리 회사밖에 없었다고 그 자세를 높이 평가하고 있었다. 또 조선족 통역자가 내 발음이 아주 좋다고 하기에 발음이 어떻게 좋으냐고 물었더니 R과 L발음이 정확히 구분되는 점이란다.

사실 내 자신은 발음연습은 따로 한 적이 없기 때문에 입 모양과 혀의 위치를 어떻게 하는지 알 필요도 없이 무작정 테이프만 따라 말을 연습한 결과 그런대로 통한다는 확신을 갖게 되었다.

교육방송의 다양한 프로그램에 놀랐지만 그 중에서도 시청자 청취자가 직접 참여하는 프로그램은 너무나 현실감이 있어 효과적이며 더욱 개발 확대했으면 하는 바람이다. 활용되지 못하는 지식은 아무 가치가 없는 것이다.

따라서 교육의 목표는 지식을 전달하는 차원을 벗어나 써먹을 수 있는 인재양성 즉 휴먼 엔지니어링에 중점을 두어야 한다고 생각한다. 앞으로 지식교육은 온라인 교육으로 충분하며 학교에서는 온라인에 적응 못 하는 학생지도, 학습평가, 지식의 활용, 발표력, 실습, 실기, 쓰레기 분리수거, 예의와 친절 같은 사회생활의 규범을 몸에 익히는 것을 평가하는 데 교육의 중점을 두어야 한다고 생각한다. 스스로 체험함으로써 얻어지는 자신감은 자신을 무한히 진화시키는 원동력이 되는 것이다.

신입사원 면접을 할 때 토익 800점대가 되어도 영어로 자기 소개를 잘하는 사원이 드문 것을 보면 아직도 활용에 문제가 있음에 착안해 간부사원들로 하여금 회사 프레젠테이션을 영어 일어 중국어로 자기가 자신 있는 외국어로 매월 1회씩 발표연습을 하도록 했다. 학습효과를 높이고 분위기 조성을 위해 3개 외국어의 주제곡을 정해 한 곡조씩 합창을 한 후 발표를 하고 외국 손님이 오면 직접 발표하도록 하면서 토익 800점도 여러 분보다 우리 회사 프레젠테이션을 더 잘할 수 없다는 점을 강조하고 이것을 눈감고 할 정도로 완벽히 소화하면 자신감이 생겨서 그 다음은 스스로 찾아서 공부하게 될 것이라는 확신을 시켜 주었더니 외국 손님이 오면 이제는 서로 하겠다고 나서는 분위기가 되었다.

이것이 상륙작전식 공부 방법으로 시간이 많을 때는 기초부터 다져 가야 하겠지만 시간이 없으므로 필요한 부분에 집중해 일단

활용함으로써 자신감이 생기고 동기부여가 되리라 생각한다.

내 자신도 중국사람과 몇 번 부닥쳐 의사가 소통되는 데 자신감이 생겨서 매일 회사에서 중국어 몇 개 문장을 일어 영어로 번역해 이면지에 적고 한 장이 다 차면 4등분으로 접어서 골프공 박스에 차곡차곡 모았다가 한 박스가 다 차면 집에 가져가서 머리맡에 놔두고 자기 전이나 중간에 잠이 깨면 틈틈이 보고 또 보고 완전히 외울 때까지 몇 번씩 표를 해 가면서 되새김 공부방법으로 3개 외국어를 도전하고 있는 지가 벌써 2년이 되어 오는 데 차곡차곡 쌓여 있는 박스가 지난 세월을 말해 주고 있다.

인터넷 사전을 하루에도 몇 번씩 이용하다 보면 온라인 시대의 편리함에 새삼 놀라곤 하는데 문득 혁명적인 교육방법이 출현할 것만 같은 생각이 든다.

IT강국과 한류열풍을 일으킨 요인은 교육의 결과라기보다는 스스로 찾은 자신감을 바탕으로 창의력을 발휘해 무한히 진화시킨 현상으로 봐야 한다. 따라서 이제는 교육의 개념도 휴먼 엔지니어링의 하위 개념으로 봐야 한다. 현재 교육은 지식교육이 대부분을 차지하고 또 시기에 맞지 않게 너무 많은 것을 가르치는 데 문제가 있는 것이다. 교육은 필요한 시기에 필요한 만큼 해야 효과가 있으므로 지식교육은 평생 온라인에서 할 수 있도록 시스템을 구축하고 학교에서는 잘할 수 있는 것을 찾아내서 자신감을 심어 주고 이것이 원동력이 되어 더욱 스스로 진화해 쓸모 있는 사람을 효율적으로 만드는 휴먼 엔지니어링에 목표를 두어야 한다.

제 2944 호

상   장

장 려 상

백 성 삼

위 사람은 제8회 교육방송 활용사례 수기
공모에서 우수한 기량을 발휘하였음은 물론
사교육비 절감의 모범이 되었기에 이 상장을
드립니다.

2005년 2월 23일

한국교육방송공사 사장 직무대행 권 영 만

日本語能力試験合否結果通知書
SCORE REPORT OF
THE JAPANESE-LANGUAGE PROFICIENCY TEST

国際交流基金
The Japan Foundation
理事長　藤井宏昭
President: Hiroaki Fujii

財団法人　日本国際教育協会
Association of International Education, Japan
理事長　富岡賢治
President: Kenji Tomioka

2001年12月に実施した日本語能力試験に関し、あなたの成績を下記の通りお知らせします。

This is the report of the results of the Japanese-Language Proficiency Test conducted in December 2001.

受験番号 Reg. Number	01＊10722　27141
氏　名 Name	BAEK SUNGSAM
生年月日 Date of Birth	1944. 2. 10
受験地 Test Site	韓国　　　　　　Korea

2　級　Level	合　格　PASSED

文字・語彙 Writing-Vocabulary	聴　解 Listening	読解・文法 Reading-Grammar	総　合　点 Total
89 /100	56 /100	159 /200	304 /400

日本語能力試験合否結果通知書
SCORE REPORT OF
THE JAPANESE-LANGUAGE PROFICIENCY TEST

国際交流基金
The Japan Foundation
理事長　藤 井 宏 昭
President: Hiroaki Fujii

財団法人 日本国際教育協会
Association of International Education, Japan
理事長　福 田 昭 昌
President: Akimasa Fukuda

2002年12月に実施した日本語能力試験に関し、あなたの成績を下記の通りお知らせします。

This is the report of the results of the Japanese-Language Proficiency Test conducted in December 2002.

受験番号 Reg. Number	02＊10724‐15016
氏　名 Name	BAEK SUNGSAM
生年月日 Date of Birth	1944. 2. 10
受験地 Test Site	韓国　　　　Korea

1　級　Level	合 格　PASSED

文字・語彙 Writing-Vocabulary	聴　解 Listening	読解・文法 Reading-Grammar	総 合 点 Total
83 ／100	60 ／100	138 ／200	281 ／400

221

코스닥

MM3프로젝트를 기술제휴 없이 독자기술로 수주하게 되고 이에 따라 중국 공장을 짓기 시작했다. 언어와 문화가 다른 나라에 가서 공장을 짓고 현지 사람을 뽑아 새로 수주한 MM3를 우리 기술로 설계해 중국에서 생산해 NM자동차에 납품해야 한다.

중국 청도 지방정부에서 투자유치단이 우리 회사에 와서 상호 회사소개를 하는 자리에서 내가 중국어로 회사소개를 시작하자 모두들 놀란 눈치였다.

그 자리에는 상공회의소에서 파견된 통역과 투자유치단과 함께 온 통역이 있었으므로 당연히 한국말로 소개를 할 걸로 알았기 때문이었다.

이어서 질문시간이 있었고 몇 가지 질문사항에도 그런대로 답변을 하고 현장견학을 한 후 기념촬영을 하는데 상공회의소 통역이

다가와서 묻는다.

"사장님, 중국에 몇 년 사셨어요?"

"서너 번 갔다 온 것밖에는 없어요."라고 대답하자,

"그런데 아까 보니까 비슷하게 답변을 잘 하시던 데요." 하면서

"사장님, 정말 부끄럽습니다. 저는 중국어를 전공하고 중국에 1년 연수를 했는데도 어렵습니다." 한다.

　중국 손님이 온다기에 회사 소개를 한자로 작성토록 하고 한자를 중국어로 읽는 연습을 일주일 동안 해 설사 발음이 나쁘더라도 한자가 있으므로 뜻은 통하리라는 생각으로 소개는 문제가 없는데 질문하면 답변이 문제였다.

　그래서 예상 질문에 대한 답변을 중국어로 만들어서 이것도 같이 연습을 해 두었다. 질문을 받으면 잘 듣고 있다가 비슷하게 들리면 준비한 답변을 말해보고 잘 안 될 때는 그때 통역 도움을 받을 생각이었다.

　그런데 이렇게 한 답변이 그런대로 잘 넘어가서 내가 중국어를 제법 하는 걸로 인식된 모양인데 실상은 이렇게 함으로써 내 자신과 직원들에게 자신감을 심어 주기 위해서 시도해 본 것이었다.

　중국 공장에는 남 차장이 공장 책임자로 갈 예정이었는데 회사 소개를 할 당시 그 자리에 있어서 이 광경을 잘 보고 있었다. 그래서 남 차장에게,

"자네나 나나 중국어 강사를 초빙해서 같이 공부한 지 3개월밖

에 안 되지만 공부는 많이 한다고 해서 다 써 먹을 수 있는 것이 아니야, 필요할 때 아는 것을 총동원해 써 먹어 봐야 산 공부가 된다. 앞으로 중국 손님이 오면 이와 같은 방법으로 회사 소개를 하라."

이후부터는 중국 손님이 오면 남 차장이 중국어로 회사 소개를 했으며 이 소문이 회장님 귀에까지 들어가서 어느 날 회식자리에서 회장님께서 "남 차장이 그리 중국어를 잘한다며? 내 남 차장을 중국 청도대학 연수과정에 보내려 했는데 거 잘됐네." 하시는 말씀을 듣고 그때부터 남 차장은 더욱 분발해 중국어를 공부해 중국공장을 성공리에 가동시키게 되었다.

중국 공장 건설 계획이 진행됨에 따라 각 부서에서는 업무에 사용되는 용어를 뽑아서 전사적으로 모아서 용어집을 만들고 이것을 중국어로 번역한 용어사전을 만들어서 중국에 가서 기본적으로 용어사전을 가지고 대화를 하도록 준비했다.

중국 공장에서 필요한 업무 관련 모든 매뉴얼을 중국어로 번역해 공장 가동과 동시에 업무에 적용할 수 있도록 준비했다. 이렇게 해서 가동한 지 한 달 만에 차질 없이 선적이 성공적으로 시작되어 우리의 관리방식이 언어와 문화가 다른 중국에서도 통한다는 확신을 하고 있을 즈음 그룹에서 회사를 코스닥에 상장시킨다는 방침이 정해졌다.

이업의 특성상 자동차회사와 특수 관계가 있어서 수직계열화 되지 않는 한 경영의 연속성이 어렵다는 사실을 뼈아프게 경험한 지도 얼마 안 되었고 기본적으로 인력을 많이 쓰는 전형적인 노동집약 업종이며 첨단기술과는 거리가 있는 업으로 인식되어 상장과는 거리가 있다고 생각하고 있었다.

더구나 IMF 금융위기 이후 정부지원정책으로 코스닥에 상장되었던 IT업체 중 상당수가 도산되어 코스닥 심사기준이 엄격히 강화된 요건을 통과할 수 있을까 하는 면에서 부정적인 견해를 가지고 있었으나 그룹 차원에서 상장하기로 방침이 섰기 때문에 이제부터 정면 돌파하는 수밖에 없었다.

코스닥 상장 신청이 접수되어 심사관이 와서 대면하게 되었다. 심사관은 여성으로서 영국에서 MBA를 이수한 사람으로 남자 직원 1명과 동행하고 있었으며 신청업체의 분류에 관한 설명을 먼저 해 주었다.

1. 첨단기술업체
2. 수출업체
3. 일반업체

이상 분류기준을 설명하면서 우리 회사는 일반 업체에 해당한단다. 그런데 문제는 우리와 경합하고 있는 업체는 SA전자 협력업체로서 LCD를 생산하고 있으며 수출업체였다. 코스닥 심사기준으로 볼 때 전혀 흠 잡을 데 없어 우리하고는 상대도 안 되는 업체다.

그러나 나는 우리 회사는 첨단기술 업체에 해당된다고 얘기를 했더니 웃으면서 이 업종이야말로 인력을 많이 쓰는 단순 조립업종으로 전형적인 노동집약산업이라며 심사 우선순위 3번째에 해당하는 일반 업체라는 것이다.

그래서 나는 업종 자체는 노동집약산업은 맞지만 우리는 관리가 첨단이라고 답변했다, 그랬더니 그게 무슨 소리냐는 것이다.

이업은 고객의 요구에 따라 1,000명의 사람이 1,000가지의 부품을 작업공수와 물류의 낭비가 없이 조립해 양질의 제품을 고객의 시간대별 납품요구에 응해야 하며 납품지체 배상금은 1분에 20만 원을 내야 하는 업이다.

이업을 하기 위해 업무를 프로세스로 전개하고 요소작업을 DIY 방식의 매뉴얼로 교육받지 않고 누구나 당일 입사 당일 작업이 되도록 하고 있으며 이것을 전산시스템에 올려 고객의 다양한 요구에 최소한의 관리로 즉시 대응하도록 한 것이 우리가 개발한 휴먼 엔지니어링 관리방법이다.

작업자의 다기능 숙련과 경력에 의존하지 않고 DIY 방식의 요소작업 매뉴얼로 누구나 당일 입사 당일 작업이 누구나 같은 수준이 되도록 개인오차가 생길 때마다 매뉴얼을 수정해 관리하지 않고도 스스로 작업할 수 있도록 진화시키는 방법이다.

완벽한 작업 프로세스 구축으로 100% 실명제 불량추적이 완벽해 통계적 관리방법을 쓰지 않고 불량이 나오는 대로 그 불량이 원인이 된 요소작업 매뉴얼을 바로 수정해 다시는 같은 불량이 나오지 않도록 하는 원점 타격 방식의 관리방법이다.

　SA자동차 출범과 함께 이업에 대한 기반이 전혀 없이 시작해 불량업체 10위(Worst 10)에 한 번도 들어간 적이 없었으며 5년 만에 한 자릿수의 ppm 불량률(Single ppm)을 달성해 유지하고 있으며 소비자 클레임 비용으로 지불한 금액이 경쟁회사들의 1/10 이하로 유지되고 있다. 이 금액은 손익계산서에 나타나는 금액으로 객관적으로 품질을 비교할 수 있는 자료다.

　DIY 매뉴얼은 언어와 문화가 다른 중국 공장 가동에도 잘 적용되어 가동 1개월 만에 선적했으며 짧은 시일 안에 본사 수준의 품질에 도달했고 빠른 속도로 매뉴얼은 중국화되며 진화해 본사보다 많은 파생 매뉴얼을 생성하고 있다.

　그러나 LCD는 이미 공개된 기술이며 누구나 돈이 있으면 할 수 있는 업이지만 우리가 개발한 관리시스템은 노동집약산업의 특징인 작업자의 숙련도에 의존하던 작업을 세분화·표준화하고 당일 입사 당일 작업이 누구나 같은 수준으로 작업할 수 있도록 요소작업을 DIY 매뉴얼화해 예측관리가 가능하도록 정형화해 전산 관리시스템에 올릴 수 있도록 했으며 이제는 진화의 줄기세포가 생성되어 고객이 요구하는 ISO9000, QS9000, Sigma6 등 어떠한 관리시스템에도 별다른 수정 없이 잘 적응했음이 확인되었다.

SA자동차의 출범과 함께 불어 닥친 IMF 금융위기와 빅딜, 법정 관리 상황에서 가동중단 정리해고의 반복과 NM자동차 출범으로 재가동하는 극심한 인원 변동 상황에서도 안정된 품질과 높은 영업 이익률을 유지해 강화된 코스닥 심사기준에 적합한 재무구조를 유지하고 있다.

이것은 노동집약산업의 작업자의 숙련도를 우리가 개발한 휴먼 엔지니어링 관리방법으로 정형화해 전산관리시스템을 구축한 세상에 단 하나밖에 없는 발명품이며 창조적인 첨단 관리시스템의 덕분이라고 생각한다.

이렇게 설명하자 심사관은 "사장님 말씀대로라면 처음 들어보는 새로운 차원의 관리개념으로 이 내용을 현장의 실물 흐름과 시스템 운용상황을 2일간 확인해 보겠습니다." 하고 이틀 동안 실물 흐름과 이동전표를 확인하고 돌아갔다. 그러나 이제까지의 관행으로 볼 때 누구나 첨단기술로 인정하는 LCD업체를 제치고 우리가 상장된다고 기대하기에는 무리가 있다고 생각하고 있었다.

그러나
2주 후 우리는
LCD 업체를 제치고
코스닥 상장이 결정되었다

참으로 우리가 놀랄 지경이었다. 다윗과 골리앗의 싸움에 비교힐 민한 사건이었다.

MS-5 프로젝트

MS-5 프로젝트가 개시되어 다른 업체들은 견적의뢰서(RFQ)를 받았다는 정보가 들어온 지도 여러 날이 되었는데도 우리에게는 아무런 정보가 없다.

이 프로젝트는 프랑스 N자동차 본사의 프로젝트로서 개발은 일본 A자동차 기술연구소가 하고 공급선 선정은 A자동차 구매본부가 하고 생산은 NM자동차가 하는 구조로 되어 있어서 견적요청서는 A자동차 구매본부가 발행하도록 되어 있었다.

따라서 공급선은 이미 기술력과 신차 개발 실적이 있는 업체가 우선 대상이 되므로 우리에게 견적요청서가 올 리가 없는 것이다.

그도 그럴 것이 MM3는 우리 기술로 개발했다고는 하지만 이것은 이미 개발되어 있는 A자동차의 쉐리 차량을 변형 개발해 2D 설계를 우리가 설계한 것이어서 이번과 같이 신차 프로젝트에 참여해 3D 설계를 해 본 적이 없기 때문에 우리는 프로젝트에 참여할 자격 자체가 없으므로 견적의뢰가 올 리가 없는 것이다.

이런 날이 오리라는 예상은 하고 있었지만 현실로 닥치고 보니 갑자기 생명줄이 끊어진 것 같은 공황 같은 심정으로 전전긍긍하고 있는데 자동차의 인판넬(계기판, 공조기 및 오디오 시스템 일체) 모듈을 전문으로 하는 글로벌 업체인 T사의 A상무로부터 만나자는 연락을 받았다.

A상무는 첫마디에서 '자기네 회사와 같이 MS-5 프로젝트를 참여할 생각이 없는가?' 하는 얘기였다. 물론 마다할 이유가 없어서,

"당연히 참여해야지요, 감사합니다." 하고 대답했다.

그랬더니 문제가 있다는 것이다. 자기네 회사는 우리하고 기술제휴를 하고 있는 일본의 M사와 같이 영국에서 MS-5의 파생 프로젝트에 같이 참여하였으나 성공은 못하고 손실만 보았는데 M사는 이번 MS-5 프로젝트는 참여할 의사가 없다고 해 우리 회사하고 하면 어떠냐고 했더니 '그 회사는 견적 낼 실력이 안 된다고 하는데 여기에 대해 어떻게 생각하느냐?' 하는 것이다.

여기에 대해 나는 "그렇게 생각하는 것도 무리는 아니다. A자동차 연구소는 설계 소프트웨어로 아이디어스와 케이블링 디자이너를 쓰고 있는데 우리는 이것을 쓰고 있지 않다는 것을 잘 알고 있기 때문에 이렇게 얘기하는 것도 무리는 아니지만 우리는 이미 소프트웨어를 구입해 놓고 운용 엔지니어도 채용해 대기하고 있다."

고 답변했다. 그랬더니 A상무는,

"그렇다면 견적 내는 데는 문제가 없다는 말씀입니까?" 한다.

"물론이지요. 새로 채용한 엔지니어는 와이어링 하네스를 설계한 경험이 없기 때문에 설계경험이 있는 우리 엔지니어와 같이 실무설계를 연수 중에 있습니다."

이렇게 답변하자 A상무는,

"그럼 MS-5 프로젝트는 같이 하는 걸로 알고 추진하겠습니다." 한다.

그래서 "대단히 감사합니다. 그럼 우리도 그리 알고 준비하겠습니다."고 답변했다.

얼마 후 일본의 A자동차 구매본부로부터 전화가 걸려왔다. T사로부터 우리와 함께 MS-5프로젝트를 참여하겠다는 신청이 들어왔는데 우리가 견적을 낼 수가 있느냐는 것이다. 그래서 낼 수 있다고 답변했는데 좀 불안하다는 듯이 재차 확인을 하는 것이다. 일본의 업체 정서상 신규업체에 대해서는 신중하기 때문에 당연히 우리와 기술제휴하고 있는 M사에 문의해본 결과라고 생각된다.

그 다음날에는 메일로 같은 문의를 해 와서 우리는 있는 그대로 A자동차가 쓰고 있는 소프트웨어를 이미 준비해 실무연수 중이며 견적을 비롯해 A자동차 연구소에 파견할 게스트 엔지니어도 확보해 놓았다고 답변을 했다. 그랬더니 다음날 텍스트 파일을 보내면서 견적을 내 보라는 것이다.

　즉시 사내 엔지니어들이 파일을 열고 견적작업에 들어갔는데 문제가 생겼다. 견적을 내기 위해서는 제일 먼저 부품 리스트가 필요한데 BOM(Bill of Material)의 어느 부분의 속성이 빠져 있어서 이 부분의 부품 리스트가 나오지 않는다는 것이다. 이 내용을 바로 A자동차에 연락해 속성을 채워달라고 요청했더니 바로 속성을 넣어주어서 견적을 회신했다.

　이것은 우리가 A자동차가 쓰고 있는 소프트웨어를 확보했는지 확인하기 위해서 고의로 속성을 빼고 보냈다고 본다. 그로부터 며칠 후 A자동차 기술연구소로 견적요청서(RFQ)를 받으러 오라는 통보가 왔다. 어둠 속에서 전전긍긍하며 방황하다가 이제부터 드디어 새로운 희망이 보이기 시작했다.

　드디어 글로벌 무대에 발을 들여놓는 기회가 온 것이다. T사의 인판넬에 들어가는 와이어링 하네스는 메인 하네스라고 하고 이것을 제외한 자동차에 들어가는 나머지 와이어링 하네스를 바디 하네스라고 하는데 T사에 메인 하네스를 공급하는 자격을 가지게 되어 바디 하네스에 참여할 자격을 얻음으로써 프로젝트 전체 하네스에 참여할 자격을 얻은 셈이다.

　그러나 앞으로 넘어야 할 고비는 산 너머 산이지만 회사 안에서는 활기찬 분위기가 살아나서 견적작업에 총력을 기울여 작업해 견적서를 가지고 A자동차 구매본부에 갔다. 담당자는 한참 견적서를 훑어보더니,

"여기에 기술제휴 로열티는 들어있는 것입니까?" 묻는다.

순간 나는 우리 가격이 낮다고 직감했다. 왜냐하면 우리가 우여곡절 끝에 참가자격을 얻느라 견적 제출이 늦어져서 담당자는 이미 다른 경쟁업체들의 가격을 알고 있기 때문이다, 그래서 나는,

"로열티는 가격에 안 들어있습니다."하고 답변했다.

"그러면 기술지원을 받으면 가격에 로열티를 산입하겠습니까?" 하고 묻는다.

"물론 산입하겠습니다."라고 나는 답변했다.

"그러면 2주간의 시간을 드릴 테니 과거 A자동차와 거래가 있었던 업체의 지원을 받는 조건으로 다시 견적을 제출해 주시기 바랍니다." 하고 마무리했다.

이번 상담에서 얻은 중요한 것은 우리 가격이 경쟁자들 가격보다 결코 높지 않다는 점이다. 아무 검증도 되지 않은 신규업체를 반길 리가 없는데 가격이 높았다면 가만히 두어도 자연탈락하기 때문이다.

또 한 가지는 로열티를 표면에 나타냈으면 기술력이 없다고 탈락할 위험이 있어서 사실은 로열티를 계산에 넣고도 표면에 나타내지 않았는데 기술지원을 받아도 좋다고 인정한 점이다.

A자동차에서는 우리가 검증된 회사가 아니기 때문에 독자적으로 수주하는 것 자체가 인정할 수 없고 문제가 생기면 책임질 회사가 필요한 것이다.

그러나 기술지원을 받아도 좋다는 것은 다행이지만 사실상 경쟁자의 지원을 받기가 결코 쉬운 일은 아니므로 이제부터 풀어 가야 할 문제인 것이다.

먼저 우리와 MM5 기술제휴를 맺고 있는 M사에 기술지원을 요청했으나 예상대로 부정적인 반응이었다. 자기들은 지금 다른 프로젝트가 있어서 우리에게 지원할 엔지니어가 없다는 것이다. 이것은 표면상의 이유고 MM3 때 우리와 경쟁해서 당한 적이 있기 때문에 사실은 우리를 지원한다는 것은 또 하나의 경쟁자를 양성하는 것이므로 지원할 이유가 없는 것이다.

그래서 제품개발 설계부터 생산까지 우리가 책임지고 하겠으며 그래도 로열티는 지불하겠으니 명의만 빌려달라고 제의를 하기에 이르렀다.

그러나 그것도 문제가 생기면 자기네들을 부르지 우리를 부르지는 않을 것이라며 부정적이었다. 이러느라 일주일이 훌쩍 지나갔다. 이제 일주일밖에 남지 않았는데 우리에게 기술지원 해줄 회사를 찾지 못하면 우리는 자동적으로 자격미달로 견적조차 내지 못하고 탈락하고 마는 것이다.

하는 수 없이 일본의 K사에 도움을 요청했다. 그러나 거기도 대만, 태국 등에 기술제휴를 했는데 별 재미를 보지 못했다며 부정적이었다.

그러나 나는 반론을 제기했다. K사가 기술제휴한 대만 태국 회사는 월산 3~4천대의 자동차를 생산하는 프로젝트였지만 MS-5는 월산 8~9천대를 생산하는 프로젝트이므로 결코 로열티 금액이 적지는 않으며 명의만 빌려 줘도 로열티는 지불하겠으며 개발부터 생산 납품까지 우리가 일체 책임지고 하겠다고 제의했다.

휴회를 하고 구민회관 같은 식당에서 점심대접을 받고 오후가 되었다. 오후에 회의가 속개되었는데 오전과는 사뭇 다른 분위기가 되어 이번 건을 긍정적으로 검토할 것이며 저녁식사는 요코하마에서 제일 높은 빌딩의 스카이라운지 식당에 K사 사장이 우리를 초대했다는 것이다.

이쯤 되면 희망이 있다는 얘기가 아닌가 하는 생각을 하며 저녁식사 장소에 갔는데 그 자리에는 사장과 담당중역, 담당부장 그리고 고문이 배석했다.

요코하마의 화려한 야경이 내려다보이는 스카이라운지에서 프랑스식 풀코스요리를 대접받으면서 구민회관의 점심식사를 떠올리며 잘 될 것이라는 확신을 갖게 되었다. 사장께서는 전에 기술제휴

했던 태국, 대만에서는 별 재미를 못 보아서 부정적이었으나 우리 제안대로 제품개발에서 생산에 이르기까지 우리가 일괄적으로 책임지고 하는 조건이라면 해 보겠다는 것이다.

그러나 K사는 전혀 아무것도 하지 않는 것이 아니고 제품개발 설계 데이터를 A자동차 기술연구소에 납입할 때 필요한 소프트웨어를 우리에게 제공한다는 조건으로 결말이 나면서 화제가 한결 부드러운 방향으로 가면서 고문으로 참석한 분의 명함을 보니 이누가따로 되어 있어 혹시 전에 NM자동차와 함께 우리 회사를 인수하려는 작업을 한 적이 있지 않느냐고 물었더니 웃으면서 사실은 그 건에 대해 대단히 죄송스럽게 생각하며 오늘 사과드릴 생각으로 이 자리에 참석했다는 것이다.

그리고 자기는 정년퇴직하고 지금은 고문역을 맡고 있다는 것이다.
그러니까 그때 내가 인적사항을 입수해 NM자동차가 추진하는 계획이 무모한 일이라는 내용의 편지를 보낸 이누가따 상무를 지금 눈앞에 마주하고 있는 것이다.
이누가따 고문도 그 당시 NM자동차 눈 밖에 난 우리가 쫓겨 날 뻔하다 살아나서 지금 신차 프로젝트에 동참하게 된 기이한 인연에 새삼 놀라고 있었다. 그리고 더욱 놀란 것은 그날 나와 같이 동석한 우리 회사 중역이 바로 그 당시 NM자동차의 담당자였다는 사실에 기절할 정도로 놀라고 있었다.

참으로 비즈니스 세계의 비정한 시련을 넘고서 지금 험난한 이 파도를 넘어야 앞으로 5년간의 생존이 보장되는 것이다.

이튿날 K사와 MS-5프로젝트에 관한 기술지원 양해각서(MOU)를 맺고 A자동차 구매본부에 가서 양해각서와 함께 새로운 견적서를 제출했다.

그러나 담당자는 M사가 아니고 K사라는 점에 대해 못내 못마땅한 표정을 하면서 사실은 K사도 기술력이 부족해 글로벌 R사와 합자회사를 만들어 A자동차의 다른 프로젝트를 하다가 중도 탈락한 적이 있으므로 만족하지는 못하지만 제시한 조건에는 하자가 없으므로 마지못해 자격을 인정해 주었으나 우리 기술력을 검증하겠다는 조건이 붙어 있었다.

일주일 후 5명의 A자동차연구소 기술검증 팀이 내사해 본격적인 기술검증에 들어갔다. 이에 앞서 우리는 연구소의 규모를 크게 보이기 위해 10명 정도를 사내 타 부서 인원을 뽑아 배치하였고 중국 공장의 기술 인력도 포함시켜 놓았다. 그리고 소프트웨어 아이디어스와 케이블링 디자이너의 시험설계 실적을 준비해 두었다.

검증 팀은 우리가 보유한 인력상황, 설계 소프트웨어와 하드웨어 보유현황, 게스트 엔지니어 운용상황, A자동차 기술연구소에 파견할 게스트 엔지니어의 경력상황 등을 점검하고 돌아갔다.

우리는 MM3를 우리 실력으로 설계해 성공적으로 납품하고 있다는 사실에 중점을 두어 대응하느라 3일 동안 전 임직원이 총력을 쏟아 부었다

우리의 경쟁자는 일본 회사로서 A자동차 자회사이며 인판넬 전문회사인 C사와 와이어링 전문회사인 S사가 연합해 참여하고 있었다.

이 두 회사는 모두 A자동차의 오랜 공급업체로서 한국 내에 공장이 있는 우리와 T사하고는 상대가 되지 않는 영향력을 가지고 있었고 신차 경험이 전혀 없는 우리에게는 안중에도 없었다.

그러나 우리에게 참여자격이 주어졌으므로 경쟁은 불가피하게 되었다. 판세는 우리에게 불리했지만 이들은 일본에서 제조해 한국에 납품해야 하기 때문에 제조비용과 물류 면에서는 우리가 유리하고 양산기간 동안 NM자동차에 게스트 엔지니어를 파견해서 설계변경에 대응해야 하므로 이 점은 우리가 확실히 유리한 입장에 서 있다는 점이다.

지금부터 양쪽 경쟁자는 치열한 가격 협상 경쟁에 돌입했다. 마지막 단계까지 피 말리는 가격경쟁이 치열했으나 일본 경쟁자들이 더 이상 협상 한계에 달해 포기 선언을 하기에 이르러 우리와 T사가 수주에 성공하게 되었다.

참으로 피를 말리며 천당과 지옥을 오가는 시간을 넘어 앞으로

5년은 또 살아남을 수 있게 되었다. 임직원 모두가 혼신의 힘을 다해 부족한 점은 많았지만 진실성을 보여 주려고 진지하게 노력한 결과라고 생각하며 아울러 MM3를 성공적으로 설계해 우수한 제조품질 실적을 올리고 있는 점도 크게 도움이 되었다.

A자동차 기술연구소의 요청으로 엔지니어 5명이 게스트 엔지니어로서 A자동차 기술연구소에 파견되어 MS-5 개발에 참여하게 되었다.

처음으로 신차 개발 실적을 쌓는 경험이며 언어장벽도 있어서 A자동차 연구소 담당이나 NM자동차 기술연구소 담당들 모두가 예의 주시하고 있는 가운데 개발설계는 순조롭게 진행되고 있었다.

NM자동차 기술연구소 전장 책임자 발레오도 걱정이 되었는지 매달 A자동차 연구소에 가서 개발 진척도를 점검하면서 우리 기술자들을 '용감한 기술자들(crazy engineers) 잘하고 있는지?' 하고 A자동차 담당자에게 묻곤 했다.

와이어링 하네스의 제조는 노동집약 산업에 속하지만 신차 개발 설계기술은 신차 개발 시 차내 모든 전장품의 위치에 정확히 다른 구성품에 간섭을 받지 않고 회선을 연결해야 하며 전장품 전체의 전기적 성능을 감안한 회로망을 설계해야 하기 때문에 3D개념의 시스템 설계능력과 많은 시행착오를 겪은 축적된 경험이 필요한 기술이다.

신차 개발 경험이 전혀 없는 업체에게 자동차 품질에 중요한 영향을 미치는 신차의 전장 개발 설계를 맡기는 일은 A자동차의 업무정서로는 절대 있을 수 없는 일이었지만 MM3의 성공적인 우리의 설계능력을 확인한 NM자동차의 합리적인 도전정신 덕분에 천재일우의 기회를 얻어 신차 개발 기술자립의 기회가 되었다.

MRP 시스템

SA자동차가 출범하면서 협력 업체의 생산관리시스템을 지원하기 위해 주요 10개 업체에 MRP(Manufacturing Resources Planing) 프로그램을 지원해 주었는데 우리도 그 중의 한 업체였다.

그 중에서도 우리가 제일 많은 인원을 가지고 많은 부품을 복잡한 생산 공정을 거치면서 작업을 해야 하는 관계로 난해한 프로그램을 해야 하기 때문에 이 점을 감안해 SA그룹에서 특별히 박사한 명과 프로그래머 두 명이 파견되어 프로그램을 하게 되었다.

프로그램 작업이 한창 마무리되어 갈 무렵 재벌의 빅딜 구조조정이 발표되고 SA자동차가 법정관리를 신청하게 되어 이 프로그램 작업도 중단하게 되었다.

이때 SA그룹 프로그램 팀이 철수하면서 프로그램 보수유지를 자기들이 할 수 없게 되었으므로 프로그램 소스를 우리에게 넘겨주면서 완성하지 못한 프로그램을 우리가 완성해 쓰라고 하고 철수했다.

이렇게 되어 우리가 프로그램을 완성해 생산관리에 적용해 쓰고 있었는데 경쟁업체가 13억을 들여서 최신버전 와이어링 하네스 생산관리 프로그램을 개발해 쓰고 있다는 정보가 입수되고 우리도 채용하자는 안이 나와서 검토하기로 했다.

그러나 내 생각으로는 일반적으로 프로그램 비용의 반은 프로그램에 적용할 업무 프로세스를 정리하고 공정별 입력사항과 출력사항을 결정하는 데 드는 컨설턴트 비용이며 우리는 이미 프로그램을 개발하면서 프로세스에 따라 공정별 입력 출력사항이 정리되어 있어서 이 부분의 비용은 절감할 수 있을 거라고 생각했기 때문에 많은 비용이 들지 않을 것으로 판단했다.

일반적으로 프로그램을 개발할 경우 소프트웨어 업체에서 자기들이 가지고 있는 시스템을 프레젠테이션 하고 거기에 맞추어서 고객의 업무 프로세스를 자기들 시스템에 맞추어 정리하는 데 드는 컨설턴트 비용과 시간이 많이 들기 마련인데, 우리는 이미 우리 손으로 프로그램을 완성해서 쓰고 있기 때문에 이 비용은 절감할 수 있어서 이번에는 역으로 우리가 3개 업체를 초청해 우리 회사의 업무 프로세스와 공정별 입력사항과 출력사항을 제시하고 이것을 프로그램 하는 견적을 빈는 빙향으로 진행했다.

이렇게 되면 이미 구체적으로 프로그램 구매사양이 정해진 셈이므로 컨설팅 비용이 절감되고 수정해야 할 프로그램 본수도 30% 절감되어 경쟁업체보다 40% 절감된 8억 원이면 최신 버전으로 MRP 프로그램을 할 수 있게 되었으나 보류하기로 했다.

왜냐하면 자재수불에 있어서 실물재고와 장부재고 정확도가 90%밖에 되지 않기 때문에 98%가 될 때까지 보류하기로 하고 그동안 이 정확도를 올리는 데 인력을 투입하기로 했다.

정확도가 떨어지는 요인은 자재수불 시 불량처리 검사절차 반품처리 및 공정상 불량처리로 인한 수불 상 처리가 정확히 따라가지 못해 발생하는 문제로서 전산 이전에 수동으로 완전한 체계가 구축되지 않으면 아무리 좋은 전산시스템이라도 쓸모가 없어지기 때문이었다.

그리고 6개월이 지난 다음 경쟁사가 깔아놓은 시스템 실태를 파악해 봤더니 예상대로 수불이 맞지 않아서 안 돌아가고 있다는 것이다.

이 결과 우리는 수불 정확도가 중요하다는 점에 확신을 가지고 이후 10여 년 동안 수불 정확도를 올리기 위해 인력을 보강해 가면서 우리 손으로 구축한 MRP 시스템을 유지보수도 자체 해결해 사용함으로써 고객의 어떠한 요구도 신속히 프로세스에 반영하고, DIY 매뉴얼을 수정해 시스템에 적용해 정확히 대응할 수 있는 성공적인 MRP 시스템 체제를 갖추게 되었다.

우리가 구축한 MRP 시스템은 우리 손으로 프로그램하고 보수유지하며 십여 년간 잘 썼기 때문에 성공적으로 ERP(Enterprise Resources Planning) 시스템을 구축할 수 있었다.

이렇게 우리 스스로가 참여해 구축한 성공적인 MRP 시스템 운영으로 경쟁력을 유지할 수 있어서 살아남는 원동력이 되었다.

프로세스 이노베이션(PI)

우리가 거래하고 있는 어느 대기업에서 100억 원의 용역비를 들여 컨설팅회사에 용역을 주어 프로세스 이노베이션을 한다고 50명의 전문가가 투입되어 1년 내내 회사 전체가 들썩거린 적이 있었다.

프로세스 이노베이션은 경영전략에 따른 프로세스와 조직이 정확히 일치해 움직이도록 학문적으로 접근해 실행시키겠다는 내용이었다.

이 내용에 들어가 보면 프로세스 이노베이션(PI)은 프로세스의 주체인 사람을 움직이기 위한 방법론으로 CEO를 포함한 기업의 인적자원의 의식개혁(Mind Innovation)으로 진화된 조직문화를 확립해 기업의 제도와 시스템을 개혁해 프로세스와 조직이 정확히 일치하는 프로세스를 창출해 내도록 하는 데 목적이 있다. 이러한 성공적인 PI를 달성하기 위해서 동원되는 기법으로는 시스템 컨설팅, 경영 컨설팅, 인사 컨설팅 및 심리학적 접근방법이 있으며 또 이를 유지하기 위해서 끊임없는 교육과 관리가 필요하며 특히 CEO의 실행 의지가 PI 성공의 관건이라고 강조하고 있다.

그러나 정작 CEO가 고민해야 할 일은 활용되지 못하는 교육과 관리는 불용재고와 마찬가지로 낭비라는 점을 간과해서는 안 된다.

아무리 많은 교육과 관리를 해도 실행 매뉴얼에 반영되지 않으면 실행할 수 없기 때문에 이런 관점에서 볼 때 전사적으로 하는 교육이야말로 낭비의 시작이라고 생각되며 교육이 필요한 부서에 필요한 사람만 교육과 관리를 할 수 있도록 교육과 관리의 범위와 방법을 최적화하는 데 초점을 맞추어야 한다고 생각한다.

그런데 더욱 놀라운 것은 이 모든 것을 우리 회사는 이미 실행하고 있다는 점이었다. 우리가 개발한 휴먼 엔지니어링 관리시스템은 교육 없이 어떠한 고객의 요구에도 즉시 프로세스에 반영해 DIY 매뉴얼이 수정되어 실행되는 MRP 시스템을 구축해 운영하고 있는 것이다.

ISO9000

ISO9000 인증 심사관이 내사해 심사절차에 관한 설명을 한 후 회사운영 실태를 점검하는 자리에서 우리가 하고 있는 교육 없이 업무프로세스와 DIY 매뉴얼에 따라 작업하고 이것을 MRP 시스템으로 운영하는 휴먼 엔지니어링 관리방법을 듣고 우리가 하고 있는 실태를 점검한 후 매우 놀랍다면서 인증절차에 부합하지 않는 몇 가지를 수정하라고 지적하면서 인증에 필요한 한 달간의 교육은 면제를 받고 한 달 후 인증서를 받았다.

그 후에도 ISO9001, QS9000, TS16949를 인증 받을 때도 우리가 고객의 시스템에 맞도록 구축해 성공적으로 운영하고 있는 MRP 시스템은 결정적으로 도움이 되었다.

리더십 경영

아이러닉하게도 대통령이 얘기해도 잘 먹혀들지 않는 변화무쌍한 IT 시대에 리더십 경영이 대두되는 것은 좀 의외라고 생각한다. 고전적 의미의 리더십은 리더가 카리스마를 가지고 앞장서서 비전을 제시하고 동기를 부여하고 목표달성을 위해서는 성과에 따라 상벌이 뒤따르는 형태가 아닌가 생각된다.

그러나 지식과 정보가 보편화된 인터넷시대에서 리더가 특별히 보여줄 것이 별로 없는 IT시대에서 생각의 속도가 각각 다른 구성원을 소통시켜 리더십 경영을 하겠다는 발상은 구성원을 소통시키는 데 드는 비용과 시간을 생각하면 설득력이 떨어진다고 생각하며 더욱이 경쟁자는 이미 시스템 경영으로 실탄이 날아오고 있는 상황에서 살아남을 수 있을지 매우 의심스럽게 생각된다.

소통시킨다는 의미에서 하던 월례조회도 하지 않고 문제가 발생

해도 개인의 잘못이 아니라 시스템 체계의 문제로 보아 시말서 받는 것 자체도 낭비라고 생각하고 이러한 문제가 재발하지 않도록 시스템 개선에 주력했다. 모든 업무가 시스템으로 돌아가도록 하고 있기 때문에 사장이 출장을 가도 사장을 찾는 직원이 없었으며 사장이 신입사원 채용에 관여하지 않아도 코스닥에 상장했으며 15년간 연속해 흑자를 내고 있는 것은 휴먼 엔지니어링 관리기법으로 구축한 경쟁력 있는 경영시스템에 의한 시스템 파워 덕분이라고 생각한다.

NMM-3 프로젝트

NMM-3 프로젝트는 NMM-5 프로젝트와 묶어서 프랑스 N자동차가 개발 및 공급선 결정을 하고 생산은 한국의 NM자동차가 하도록 계획된 프로젝트이다.

이번에도 우리는 글로벌 업체의 백업을 받아야 참여할 수 있어서 이제부터 파트너를 찾을 고민을 하고 있었다.

먼저 프랑스 N자동차의 구매담당자에게 파트너 업체 추천을 부탁했더니 일본 업체인 M사와 T사를 추천해 주었다. 정말로 난감한 일이다. M사는 우리와 MM5 기술제휴 관계가 있는 업체로서 MM3 공급자 선정 때 우리와 경쟁해 우리에게 당한 아픈 경험이 있어서 MS-5 공급자 선정 때 우리의 백업 제의를 거부했으며 T사는 MS-5 공급자 선정 때 우리와 경쟁해 패한 업체로서 우리에게 호의적일 리가 없기 때문이다.

그러나 선택의 여지가 없으므로 M사에 백업을 요청했지만 거절당하고 말았다. M사는 이미 우리를 경쟁자로서 인식하고 있기 때문에 더 이상의 협력은 기대할 수가 없는 상황이어서 T사에 같은 제의를 했지만 마찬가지로 한마디로 거절당했다. 이런 결과를 N자동차 담당자에게 상의했더니 자기가 미국 출장 중에 M사의 고위층과 만날 예정이므로 부탁을 해 보겠다는 약속을 했다,

NM자동차에서 우리가 보여준 높은 품질실적과 적극적인 대응능력이 인정을 받아 N자동차에서도 상당히 호의적인 반응을 느낄 수 있었다.

그러나 그 후에도 M사의 입장에는 변화가 없어서 전전긍긍하고 있는데 글로벌 업체 R사가 같이 하자고 제의를 해 와서 천만다행이라고 생각하며 긍정적으로 검토를 시작했다.

다행이라고 생각하는 점은 R사는 유럽에서 N자동차에 라구노 차종에 와이어링 하네스를 공급하고 있기 때문에 NMM-5 프로젝트에 유리하다고 판단했기 때문이다. 왜냐하면 라구노를 기본 모델로 해 NMM-5가 개발될 예정이므로 R사가 많은 기술정보를 가지고 있어서 유리할 것으로 생각했다.

이 내용을 N자동차 담당자에게 상의했더니 난색을 표시했지만 우리에게는 선택의 여지가 없었으므로 추진하기로 가닥을 잡았다. R사도 우리를 선택한 데에는 우리가 NM자동차에 현행 공급업체로서 높은 품질평가와 함께 좋은 유대관계를 유지하고 있는 것이

향후 프로젝트를 수행함에 있어서 유리할 것으로 판단해 우리를 선택한 것으로 생각되었다.

R사와의 업무 분담은 우리가 개발 설계부터 생산까지 하고 R사는 N자동차와의 영업정보와 견적작업에 필요한 자료를 제공하고 우리가 제시한 견적가격에 R사의 마진을 얹어 최종가격을 제시하기로 방침을 정하고 견적작업에 들어갔다, 견적작업은 R사의 필리핀 연구소와 우리가 전화회의 체제를 구축해 진행해 먼저 NMM-5 견적을 내서 최종가격을 조율하는데 R사가 마진을 너무 높게 계산하기에 좀 줄여 달라고 요구했더니 자기들이 알아서 처리할 테니 걱정하지 말고 맡겨달라는 것이다.

그래서 고단수의 영업 노하우가 있는 모양이라고 반신반의하며 R사의 안대로 NMM-5의 견적서를 제출했는데 우려한 대로 탈락하고 말았다. 더욱 놀란 점은 재무상태 부적격으로 이번 프로젝트에 초대도 받지 못하고 실격한 글로벌 업체 P사가 우리 가격보다 훨씬 낮은 N자동차가 지정한 가격을 조건 없이 수락함으로써 어이 없이 우리는 탈락하고 만 것이다.

이제야 글로벌 업체인 R사가 왜 우리를 찾아와 같이 하자고 했는지 그동안 풀리지 않던 궁금증이 풀리기 시작했다.
NMM-5는 R사가 현재 N자동차에 공급하고 있는 라구노를 변형 개발한 차종으로 높은 가격으로 공급하고 있는 R사에 대해 N자동차에서는 달갑지 않게 생각하고 있었는데 우리가 R사를 선택하자 못마땅하게 생각했던 것이다.

그리고 또 하나는 우리 가격이 경쟁력이 있다는 것을 알고 우리 가격으로 수주할 경우 같은 계열의 차종에 공급하고 있는 R사의 가격인하를 N자동차가 요구할 것에 대비한 선제 조치로 우리를 선택했다는 점이다.

이것도 운명이라고 생각하고 NMM-3도 물 건너갔다고 생각하며 최후 수단으로 N자동차 담당자에게 전화를 걸었다.

우리는 경쟁력 있는 가격을 냈는데 R사가 마진을 많이 붙여 가격이 높게 되어 매우 죄송하며 NMM-3를 R사를 제외하고 우리 단독으로 참여하게 해 주면 경쟁력 있는 가격을 보여 주겠다고 제안을 했다.

그랬더니 우리와 R사의 업무분담을 설명하라는 것이다. 그래서 우리가 개발설계부터 생산까지 하고 R사는 N자동차와 거래가 있으므로 N자동차 기술연구소와 설계 데이터를 송수신할 수 있는 소프트웨어가 깔려 있으므로 이것을 이용해 우리가 설계한 개발설계 데이터를 납품할 예정이었으나 우리가 단독으로 할 경우 우리 비용으로 소프트웨어를 깔고 단독으로 프로젝트를 수주할 수 있다고 설명했다.

실제로 MS-5의 경우 개발 설계부터 생산까지 우리 기술로 납품한 와이어링 하네스로 만든 차가 높은 품질평가를 받고 있으며 단지 일본의 K사의 소프트웨어를 이용해 개발설계 데이터를 일본 A자동차 기술연구소에 납품했을 뿐이라고 덧붙였다. 이 설명을 듣고 N자동차 담당자는 소프트웨어 업체는 N자동차가 알선해주겠으며 우리가 소프트웨어를 설치하는 조건으로 견적 요청서를 서면으로 요청하라는 것이다.

이렇게 해 극적으로 NMM-3 프로젝트는 R사를 제외하고 우리 단독으로 입찰 참가자격을 얻게 되어 전화위복의 기회를 맞았다. 그리고 글로벌 업체 M사, T사와 경쟁해 기적과 같이 NMM-3를 성공적으로 수주하고 3명의 엔지니어를 파리에 있는 N자동차 기술연구소에 파견해 NMM-3 차량의 개발설계에 들어갔다. 이 개발설계를 성공적으로 해 냄으로써 명실공히 신차 독자 설계능력을 인정받게 되었다.

도요타 경영신화

도요타의 경영신화를 전파하기 위해 전문 강사가 회사에서 강연을 하고 함께 식사를 하게 되었다. 그 자리에서 평소에 궁금하게 생각하던 몇 가지를 물어보았다.

"강사님, 도요타에서는 어느 해 6만 건의 개선 제안이 올라왔다고 자랑한 적이 있었는데 이것은 6만 건의 잘못이 있었다는 얘기로서 벌을 주어야 할 내용인데 상까지 줄 일은 없다고 생각합니다."라고 얘기를 했더니 놀라면서,

"토요타의 카이젠은 옥스퍼드 사전에 오를 만큼 전 세계에 보급되어 있는데 제가 이제까지 200여 회사에 다니며 강연을 했는데 이런 질문은 처음이다."며 그게 무슨 뜻이냐고 반문했다.

"제안 건수 6만 건을 심사하고 포상하기 위해서 방대한 사무국 조직을 운영해야 하는데 이것도 막대한 비용이며 처음부터 바로

했으면 이 비용도 필요 없는 것 아니냐? 그리고 또 개선을 하면 개선 건수가 매년 줄어들어야 개선효과가 있을 것 같은데 매년 점점 늘어나는 것은 잘못된 것이 아니냐?"고 말했다.

"그래서 개선가지고는 한계가 있어서 이제부터는 처음부터 다시 하자는 개혁이 진행되고 있다."라고 얘기한다. 그래서 내가 말했다.

"들어오실 때 우리 회사 정문에 써 붙어 있는 '처음부터 바로 하자(We are perfect from start to finish.)'를 못 보셨습니까?

이게 바로 토요타가 지금하고 있는 개혁과 같은 것이다. 우리 회사는 처음부터 개선 제안제도도 없었으며, 사무국은 물론 없고 문제가 생기면 부서장 전결로 통계수치가 집계되기 전에 개별 원인파악을 해서 다시는 발생하지 않도록 요소작업을 DIY 매뉴얼에 반영해 즉시 실행하는 체제로 되어 있기 때문에 통계를 내서 피드백하는 체제보다는 한 달 빠른 개선을 실행할 수 있다고 생각한다. 통계계수는 흐름을 파악하기 위해 참고로 할 뿐이며 피드백해 관리하는 경우는 드물다."고 했더니 그게 가능한 얘기냐고 고개를 갸웃하며 돌아갔다.

그리고 나서 얼마 후 도요타 리콜 사태가 터지고 나자 이제까지 도요타 경영신화로 추앙받던 도요타 경영방식이 도마에 오르기 시작했다.

한 미국 언론사가 도요타 관계자와 한 인터뷰에서 도요타 경영신화로 명성이 높은 도요타에서 이런 일이 어떻게 발생했는지 질문한 답변으로 도요타 관계자는 도요타 미국 공장에는 다민족 근로자가 섞여서 일을 하기 때문에 이로 인한 문화적 차이로 도요타식 경영방식이 제대로 먹혀들지 않아서 생긴 일이라고 대답하자 미국 기자는,

"그러면 어느 해 통계를 보면 일본 도요타 공장에서는 그 해 생산한 자동차 생산 대수보다 더 많은 대수의 자동차가 리콜되었는데 이것은 어떻게 설명하는가?" 하고 물었다. 그러자 도요타 관계자는,

"일본에서도 인력이 부족하다 보니 외국 근로자 비율이 점점 높아져서 문화적 차이로 도요타 경영방식이 제대로 정착되지 못해서 생긴 일이다."라고 답변했다.

이제 도요타 경영신화는 역사의 한 페이지가 됐으며 도요타 경영방식의 주축이 되었던 간판방식 도요타 생산방식(Toyota Production System, TPS) TPM(Toyota Productive Maintenance) 같은 주요 내용은 이미 고객이 요구하는 ISO9000, QS9000, TS16949 같은 관리시스템 속에 포함된 지도 오래되어서 도요타 경영 강사도 더 이상 설 자리가 없어졌다. 그리고 매스컴에서 뜨고 있던 다른 경영기법들도 고객이 요구하는 관리시스템을 따라가기 위해서 기업에서 활용되는 것만이 가치가 있는 것이다.

한동안 열풍이 불던 시그마6를 도입해보려고 시도한 적이 있었는데 상관분포를 표준편차 6시그마 안에 들도록 공정의 능력을 정량화해 관리해 무결함 업무를 할 수 있도록 한다는 개념인데, 이 방식은 1980년대 초에 일본 모토롤라에서 무선호출기 시장에서

불량품으로 골치를 썩이다가 품질을 개선하기 위해서 개발된 통계적 기법으로 이것이 정착되어 각종 경영혁신 운동으로 전개되기까지 20여 년이 걸렸지만 우리 회사에는 적합지 않다는 것을 바로 알 수 있었다.

표준편차 통계를 내지 않고도 처음부터 바로 하도록 DIY 매뉴얼 체계를 구축해 0 ppm을 목표로 하고 있는 우리가 훨씬 경쟁력이 있다고 생각했다.

한동안 열풍이 불던 시그마6도, 프로세스 이노베이션도 이제 우리 관심에서 멀어졌으며 지금 뜨고 있는 리더십 경영도 곧 조용해질 것이라고 생각한다.

이러한 경영기법들은 성공사례를 기초로 학문적으로 많은 연구와 사례를 비교 검토해 보편타당성 있는 일반적인 개념을 도출해 수평 전개할 수 있도록 한 경영기법이지만 기업마다 일률적으로 적용하는 데 한계가 있어서 지나가는 바람처럼 일과성으로 끝나곤 하기 때문이다.

이제부터는 기업이 중심이 되어 기업에서 활용될 수 없는 교육과 경영기법은 불용재고와 같이 낭비이며 경쟁력을 저하시키는 요인이라는 인식으로 기업에서 필요한 경영기법의 내용을 선별해서 적용해야 할 시점이 되었다고 생각한다.

경영은 다수결이 아니다

회장님께서 나에게 첫 번째로 당부하신 말씀은 '사장이 독단으로 결정하는 일이 없도록 하라'는 것이었다. 이 말씀은 근속기간 내내 항상 금과옥조로서 명심하며 업무에 임했으며 그 외에는 전적으로 책임을 지고 하는 책임경영을 해야 했다.

회장님의 당부말씀을 구현하기 위해서 회사의 운영체제를 시스템 경영체제로 해야만 가능하다는 판단으로 업무는 조직이 아니라 시스템으로 전개해야 시스템 파워를 낼 수 있다고 생각했으며 이를 위해서는 전산화가 필연적이며 이를 뒷받침하기 위한 세분화, 전문화한 DIY 매뉴얼 체계를 구축하게 되었다. 이러한 업무체계로 전문화된 인재를 양성하게 되었는데 이는 회장님의 경영철학의 근간인 창의적인 인재양성을 실현하기 위한 기본이 되었다고 생각한다.

회장님께서는 '기업은 사람이다'라는 신념 아래 글로벌 기업이 되기 위해서는 창조적인 전문 인재양성을 강조하시곤 했는데, 이러한 인재중심의 경영철학을 바탕으로 IMF 금융위기 속에서도 알짜배기 투자신탁회사를 과감히 정리하고 모든 사람이 꺼려하던 부채비율 2,000퍼센트의 부실 덩어리 타이어 회사를 인수해 성공적으로 정상궤도에 올려놓은 다음 또다시 모든 중역이 반대하는 중국 진출을 과감하게 밀어붙여 성공을 거둠으로써 경영의 의사결정은 다수결이 아니라 앞을 내다보며 실행력을 갖춘 톱의 결단이 기업의 운명을 결정짓는다는 실증을 보여 주셨다.

그리고 숨 고를 틈도 없이 이번에는 천문학적인 1조 2천억 원을 투자해 국내에 완벽한 자동화 타이어공장을 성공시킴으로써 생산성과 고용창출이라는 두 마리의 토끼를 잡아 글로벌 기업으로 탈바꿈시키셨다.

지방 방송국을 인수해 코스닥에 상장시켜 세계를 향해 역량을 넓혀가는 KNN 방송사로 변모시켰으며, 이어서 체코에 타이어 공장을 세워 유럽시장의 교두보를 확보하고 프로야구 넥센히어로스를 스폰서 함으로써 소프트 파워 역량을 발휘해 IMF, 금융위기 등의 시기에 도전과 혁신을 통해 그룹의 기업 가치를 폭발적으로 제고시킨 창조기업인으로 우뚝 서는 쾌거를 이룩하게 되었다.

이것은 인재를 아끼고 적재적소에 인재를 쓰는 회장님의 뛰어난 용병술과 인재육성, 연구개발 투자비를 아끼지 않았던 경영철학의 결과라고 하겠지만 그 밑바닥에는 지역경제를 생각하고 더불어 살아야 한다는 투철한 기업가 정신이 작용한 결과이기도 했다.

이러한 회장님의 더불어 살아야 한다는 정신은 어린 시절 부모님을 일찍 여의고 어렵게 학창시절을 보내신 쓰라린 경험을 통해 얻어진 철학이라고 생각된다. 일찍부터 청소년 선도 사업, 장학사업 등에 꾸준히 지원을 아끼지 않으셨으며 이와 더불어 부산 상공회의소 회장 시절 지역경제 발전을 위해서 정치인도 하기 어려운 삼성자동차와 선물환 거래소를 부산에 유치하는 작업을 회사 일을 제쳐놓고 앞장서기도 했다.

이를 위해 관계 요로에 불철주야 뛰어다니며 성공적으로 해내신 것도 이미 알려진 사실이며, 이제는 이것을 뛰어넘어 부울경(부산, 울산, 경남)이 하나의 경제권이 되어야 산다는 신념으로 더불어 살아야 한다는 인문학의 기본을 실천에 옮기는 강병중 회장께서는 이제는 기업가의 사회적 사명을 다하는, 이 시대를 앞서가는 기업인으로, 지역의 어른으로 거듭나서 존경받는 자리에 이르게 됐다고 생각한다.

운칠기삼인가

업에 관한 기반이 전혀 없이 전략적으로 MM5를 수주해 SA자동차가 주선한 기술제휴 하나만 가지고 업을 시작하였으나 MM5가 생산개시도 하기 전에 닥친 IMF는 SA자동차의 운명을 바꿔놓은 빅딜로 이어지며 법정관리 신청으로 NM자동차가 출범하게 되었다.

이에 따라 수직계열관계에 있던 우리 회사는 독자적으로 살길을 찾지 못하면 청산할 수밖에 없는 운명에 처해서 고객 다변화와 업종 다변화 전략을 구사하기 시작했다.

YM자동차

먼저 YM자동차에 기회가 찾아왔다. J300 프로젝트로서 이제까지 YM자동차는 글로벌 업체에서 신차 개발설계를 맡아 해오고 있었으나 J300은 설계 소프트웨어가 아이디어스로 바뀌면서 우리에게 기회가 찾아온 것이다.

우리는 MS-5 프로젝트를 수주해 일본 A자동차 기술연구소에 엔지니어 5명을 파견해 아이디어스 소프트웨어로 RV 차종인 MS-5를 개발한 경험이 RV 차종의 전문업체인 YM자동차에 우리의 경험이 필요한 적임자로서 무난히 J300을 수주하게 되어 고객 다변화전략의 첫 관문을 성공적으로 통과하게 되었다.

YM자동차의 신차설계는 글로벌 회사에서 해 오던 것을 이제부터는 우리가 주도적으로 하게 되었으며 엔지니어 세 명을 파견해 신차 J300 개발에 착수했다.

그러나 이때 YM자동차는 중국의 상하이 자동차에서 인수해 운영하고 있었는데 노사분규로 인해 법정관리로 들어가게 되고 J300 프로젝트는 무산되게 되어 고객 다변화 전략은 차질을 면치 못하게 되었다.

그러나 이때 J300을 주관하던 중국 상하이 자동차 출신 T상무와의 인연으로 허베이 자동차의 엔진 하네스를 수주하는 계기가 되었다.

폭스콘 그룹

폭스콘 그룹은 대만기업으로 중국에 진출해 미국 애플에 아이폰을 주문자상표 방식으로 생산하는 기업으로 유명하며 종합전자 부품 메이커이기도 하다.

이 그룹이 중국에 진출하는 방식을 보면 가히 스케일 면에서 우리의 상상을 뛰어넘고 있다.

1개 생산단지가 기본적으로 6만 명 수용능력의 규모로 공장동 건물들이 일렬로 서있고 운하를 사이에 두고 건너편에는 사원 숙소 단지가 공장동과 마주보고 있다. 거기에는 우체국, 경찰서, 극장, 은행 등 완전한 도시기능을 갖추어서 외부에 나가지 않고도 자급자족 생활을 할 수 있도록 되어 있고 1개의 공장동 앞에는 세개의 식당이 있어서 식권으로 자율경쟁하도록 구성되어 있으며 1일 3교대로 걸어서 출퇴근해 인력낭비가 없도록 되어 있다.

이 그룹이 자동차용 와이어링 사업을 시작했다는 정보가 포착되었다.

대만의 자동차용 와이어링 하네스 업체인 안타이를 인수해 안타이의 장 사장을 지분 참여케 해 폭스콘 그룹의 자동차 부품사업부를 총괄하는 CEO로서 매년 중국 로컬 와이어링 하네스 업체를 3개 업체씩 인수한다는 계획으로 이미 2개 업체를 인수해 운영하고 있었다..

그리고 폭스콘은 중국계 미국인 박사를 연구소장으로 영입하고 우리와 기술제휴 관계가 있는 일본의 M사에서 30년간 중국, 대만에서 근무하고 퇴임한 중역을 고문으로 모셔다가 자동차부품 사업에 본격적으로 진입하기 시작했다. 이 정도면 종합전자 부품 전문업체로서 와이어링 하네스를 수주함으로써 이와 관련된 자동차부품 전문업체로의 완벽한 변신 체제를 갖춘 셈이었다.

그런데 장 사장은 몇 년 전 우리 회사를 방문한 적이 있었는데 이때 우리가 방문을 선뜻 허락해 준 데 대해 좋은 인상을 가지고 있었다.

국내 다른 회사에서는 모두 견학을 거절당해 폐쇄적이라고 생각했었는데 우리 회사를 방문하고는 상당히 개방적이라고 생각하고 있었던 것이다. 특히 관심을 갖고 있던 것은 우리 기술연구소의 글로벌 개발설계 경험이어서 기술제휴를 해달라는 제의를 받았으나 우리는 이를 뒷받침할 행정적인 체제를 갖추고 있지 않아서 사양했더니 그러면 중국 엔지니어를 100명 보내 주고 급료 및 체재비는 그쪽에서 부담하겠으니 우리 연구소에서 1년 동안 그냥 쓰라는 제의를 해 와서 우리를 놀라게 한 적이 있었다.

폭스콘은 거대한 그룹이기는 하지만 신차 와이어링 설계능력이 없는 것이 문제였다. 그 후 5년 동안 우리는 중국 시장을 개척하기 위해 다방면으로 노력했으나 한국 사람으로 인간관계를 중시하는 중국의 관습 장벽과 도처에 잠재해 있는 불확실성 위험요소를 넘어 우리 단독으로 수주하기에는 역부족이라는 한계를 실감하고 그래도 리스크를 줄이기 위해서는 국제 비즈니스 경영체제에 익숙한 대만기업 폭스콘과 합자하는 방안을 생각하며 폭스콘의 장 사장을 만났다.

장 사장은 미국에서 유학한 적이 있고 개방적인 성격이고 우리의 글로벌 개발경험을 잘 알고 있기 때문에 무언가 실마리를 풀어볼 수 있지 않을까 하는 기대로 만났으나 우리의 기대와는 전혀 다르게 전에 인수한 2개 중국 와이어링 업체는 이미 정리했고 안타이 지분도 지리 자동차 회사가 51%, 폭스콘이 49%로 회사 경영권마저 뺏겨버린 믿기지 않은 결과가 되어 있었다.

중국인 대만 기업으로 중국에 진출해 120만 명의 중국 근로자를 고용하고 있는 막강한 영향력을 갖고 있는 대만의 폭스콘 그룹이 이렇게 무너지리라고 누가 상상이나 했겠는가? 블랙홀 같은 중국 비즈니스의 실상을 보는 듯했다.

KM Korea

한국 KM에서 긴급히 와이어링 하네스를 공급해 달라는 요청이 와서 우선 급한 대로 총력 대응해 1주일 만에 납품을 시작했다.

한국 KM에 와이어링을 공급하고 있는 글로벌 업체의 중국 공장에서 춘절(구정휴가)이 지나고 근로자들이 집단으로 업무에 복귀하지 않아 생산에 차질이 났기 때문에 벌어진 일이었다.

매년 중국에서 겪는 일이지만 춘절에 휴가 갔던 근로자들이 집단으로 업무에 복귀하지 않는 경우가 종종 있어서 이럴 때마다 와이어링 하네스를 공수해 납품하는 경우가 있었는데 이번에는 그정도가 심해서 공급을 이원화하지 않으면 안 될 지경이 되어 우리가 한국 KM에 공급업체가 되는 기회가 되었다.

그러나 기뻐하는 것도 잠시였다. 한국 KM의 경쟁력이 떨어져서차후 신차 개발의 기회가 없어졌고 물량도 줄기 시작했기 때문이었다.

모처럼 찾아온 기회를 극적으로 잡았지만 이번에도 운은 우리편이 아니었다.

업종 다변화 전략

생존전략의 하나로 고객 다변화 전략에 이어 업종 다변화 전략으로 태양광 전지 패널에 들어가는 컨트롤 박스를 개발해 새로 전용공장을 짓고 생산을 개시하였으나 글로벌 불황의 영향으로 유가가 폭락하는 바람에 태양광 전지업계도 과잉설비로 연쇄 도산하는 가운데 우리도 이 사업을 접을 수밖에 없었다.

그리고 전기자동차 붐 속에서 전원장치를 개발했으나 예상과는달리 수요가 뒤따르지 못해 별 도움이 되지 못했다.

셀프 엔지니어링

아무리 많은 지식과 정보를 가지고 있어도 기회가 왔을 때 즉시 대응해 활용하지 못하면 경쟁에서 한 발 뒤지는 결과가 될 확률이 높다.

성경 말씀에 '구하라 주실 것이요'라고 했듯이 유비쿼터스 개념으로 구하는 자세로 나 자신을 엔지니어링 하여, 기회가 왔을 때 언제 어디서든 내가 가지고 있는 모든 잠재력을 찾아내어 정확히 집중해 즉시 기도하는 자세로 대응할 수 있도록 구체적으로 준비해 두고 상황변화에 따라 진화시켜 나가는 노력을 해야 기회를 내 것으로 만들 수 있는 것이다.

깨끗하게, 정확하게, 빠르게 되도록 내 자신을 엔지니어링해서 필요한 때에 처음부터 바로 해야 가치를 발휘할 수 있는 것이다.

그러나 이 모든 것도 건강이 받쳐 주어야 가능한 것이다. 내 생활 사이클은 언제 어디서든 일, 공부, 운동 아니면 잠을 자는 것으로 되어 있는데 나 자신이 체력이 약하기 때문에 휴식과 잠자는 시간이 많았다.

그래서 일 이외에 나와 관계되는 모든 경우에 양보하는 자세로 살아왔으며 따라서 가훈도 '마음은 둥글게', '성질은 느긋하게', '남은 높게 나는 낮게'로 가족에게도 양보하며 사는 삶을 살도록 가르쳐 왔다.

유 비 무 환

나는 카드와 현금을 분리보관하고 있다. 카드는 운전면허증, 주민등록증과 함께 별도 카드전용 지갑에 넣어 와이셔츠 윗주머니에 보관하고, 현금 만 원권 이상 고액권은 명함, 항공사 회원카드, 철도회원 카드 등과 함께 은행에서 주는 예금통장 비닐 커버를 잘라서 지갑으로 쓰고 있으며 바지 왼쪽 뒷주머니에 보관하고 있다.

천 원권도 마찬가지 방법으로 은행에서 주는 통장 비닐 커버를 잘라서 2천원씩 접어서 바지 오른쪽 앞 호주머니에 2천원 단위로 접어 넣어두었다가 필요할 경우 2천원 단위로 세어서 쓰기 편리하도록 했다. 돈이란 쓰기 위해서 번 것이기 때문에 이왕 쓸 돈이면 정확하고 빠르게 써야 내가 보관하고 관리할 부담이 적어진다는 생각에서였다.

이렇게 해 두면 필요한 때에 용도에 따라 필요한 지불을 빨리 할 수 있으며 분실 시에도 한 번에 전부 잃어버리는 위험을 줄일 수 있다.

그리고 집에 와서 옷을 갈아입을 때에는 이 모든 소지품을 꺼내서 서랍장 위에 놓아두는데 이때 자연히 분실유무가 확인되며 다음날 출근할 때 옷을 갈아입더라도 같은 위치의 호주머니에 다시 넣어 출근함으로써 항상 같은 조건에서 일할 수 있도록 했다.

바지 왼쪽 앞 호주머니에는 사용한 화장지와 출장 시 숙박업소에서 썼던 일회용 소형 치약을 보관하고 바지 오른쪽 뒤 호주머니에는 손수건과 출장 시 썼던 일회용 칫솔을 보관했다.

바지 안 오른쪽 벨트 높이에는 별도 호주머니를 부착해 휴대폰을 넣고 항시 진동상태로 해 두면 몸에 진동이 즉시 전달되므로 절대로 걸려온 전화를 놓치지 않으며 휴대폰의 분실도 방지할 수 있다..

바지 안 오른쪽 뒤에도 벨트 높이에 별도의 호주머니를 부착해 외국출장 시 출국심사 후에는 카드지갑을 넣어두어 분실확률을 줄였으며 대신 여권을 와이셔츠 윗주머니에 넣어 비행기 표와 함께 보관해 유사시 즉시 귀국하는 데 문제가 없도록 했다.

출장 시에는 받은 명함 영수증 입장권 차표 등은 양복 윗주머니에 발생하는 순서대로 넣어 두어 필요할 경우 즉시 찾을 수 있도록 했다.

이렇게 해 두면 어떤 경우라도 손님과 만날 때 명함을 바로 내놓을 수 있으며 용도에 따라 필요한 조치를 즉시 할 수 있다. 그리고 양복 안주머니에는 항상 넥타이를 넣어 두었다가 필요할 때 쓸 수 있도록 했다.

이면지에 외국어 작문연습 문장을 적어 사각으로 접은 쪽지를 와이셔츠 윗 주머니에 넣어두고, 공백은 메모지로 쓰고 한가한 시간에 외국어 작문연습을 할 수 있도록 했다.

출근 전에는 항상 필요한 용변을 다 정리하고 몸을 깨끗이 해 하루 종일 상쾌한 기분으로 일할 준비를 게을리하지 않았다.

그러나 환경변화에 따른 거시적인 준비를 사실은 제1순위로 해야 되는 것을 간과해서는 안 된다. 한국전쟁 당시 한강을 건너간 사람과 건너지 못한 사람의 운명이 크게 달라졌던 것을 경험한 세대이기 때문에 내가 서울 강북에 살고 있을 때 문득 이런 점이 상기되어 한 달에 한 번씩 주기적으로 피난연습을 한 적이 있었다.

그 당시 종암동에 살고 있을 때였는데 유사시에 대비해 피난복장과 배낭을 준비하고 준비물로 옷, 비상식량, 라디오, 달러화와 귀중품 현금을 항상 준비한 상태로 즉시 떠날 수 있도록 준비해 두고 도로는 차에 막혀 차량이동은 어렵다는 가정 하에 도보로 제3한강교까지 건너가는 연습을 강남으로 이사 오기 전까지 계속한 적이 있었다.

이런 유사시 대비개념은 화재 시에도 매연에 의한 호흡기 피해를 막기 위해 승용차와 집에 방진마스크를 5개씩 항시 비치하고 있으며 평시에도 매연 미세먼지와 황사에 대비해 외출 시에는 대인관계에 지장을 주지 않는 범위 내에서 늘 착용하는 습관을 들이고 있다.

독 서

나는 한국전쟁 당시 부산 피난시절 만화 '밀림의 왕자'를 흥미롭게 읽은 기억이 있는데, 밀림에서 벌어지는 주인공 철민이와 제가의 감성 넘치는 이야기와 이원수 작가의 아동동화와 전시 시대상 작품을 감명 깊게 읽었다.

그 이후에는 독서다운 독서는 하지 못했는데 중고시절 친구가 독서를 좋아해서 매일 걸어서 같이 등하교하는 두 시간 동안 자기가 읽은 책을 나에게 얘기해 주곤 해 많은 종류의 이야기를 들을 기회가 있었다.

이 친구가 들려준 이야기 가운데는 고전 야화 소설을 비롯해 리더스 다이제스트 번역판이 있었는데 읽은 후에는 내게 주곤 해서 덕분에 리더스 다이제스트에 있는 다양한 분야의 이야깃거리를 접할 수가 있었다.

이렇게 해 독서에 취미가 생기고 나서 플루타르크 영웅전을 비롯해 나폴레옹, 링컨 대통령, 처칠 수상, 맥아더 장군, 드골 대통령, 스탈린 등 위인전을 빌려다 보기 시작했으며 대학시절에는 인간의 조건, 불모지대 등 2차 세계대전 관련 소설, 진주만, 태평양 전쟁 등 다큐멘터리와 이광수, 황순원, 심훈 작품 등의 문학소설에 많은 관심을 가지고 읽었으며 사회에 나와서는 전집류 문학소설과 기업 소설 등을 읽을 때 회사에서는 1권을, 집에서는 2권을 읽으면서 안 읽은 권의 부분은 상상해 가면서 읽기도 했다.

그러다가 인터넷 시대에 접어들면서 인터넷에 많은 지식과 정보가 넘쳐나기 때문에 독서로 지식과 정보를 미리 얻는 것은 중요한 것이 아니라는 생각에서 소홀이 하기 시작했으며 심지어는 3년 동안 신문을 읽지 않은 경우도 있었다.

이제는 인터넷을 통해 학위논문 대필 용역을 의뢰하면 도서관에 가지 않고도 인터넷 상에서 자료를 수집해 논문대필이 되는 모양이며 인터넷에 공개된 자료만 가지고도 핵무기를 제조할 수 있다고도 하니 우리가 필요한 모든 정보와 지식은 인터넷에 공개되어 있다고 볼 수도 있다.

이러한 시대에 활용되지도 않을 많은 지식과 정보를 미리 확보해 쌓아 두는 것은 의미가 없다고 생각되며 어떤 의미에서는 낭비이기도 하다.

기회가 주어지면 내가 가지고 있는 모든 역량을 즉시 발휘할 수 있도록 내 자신을 엔지니어링하고 필요한 지식과 정보는 필요한 시기에 인터넷에서 찾아 쓸 방향으로 가닥을 잡고 그 대신 외국어 공부는 평생 해야 할 생각으로 학습체계를 구축하기 시작했다.

자기주도 학습

나는 강의를 들으면서 필기를 잘 못하는 학습장애 때문에 영화를 볼 때도 자막을 제대로 따라 읽기를 못해 대사를 제대로 못 따라가는 경우가 많아서 대부분의 공부를 독학으로 하는 버릇이 몸에 배게 되었다.

그래서 중학교 시절에는 서울공대 최계근 교수가 지은 라디오 공학 책을 사다가 독학으로 라디오를 만들어 본 경험도 있고 변압기 원리를 터득해 가정용 승압변압기를 만들어 보기도 했다.

사회에 나와서는 전공과목은 별로 써먹을 데가 없을 것 같다는 생각에서 영어 책과 바둑 책만 남겨두고 집에 있는 모든 책을 엿을 바꾸어 먹어 버렸는데 이런 내 생각은 적중하였고, 현실적으로 평생 전공과목은 봐야 할 필요가 없었으며 오히려 업무에 필요한 영어 공부를 하면서 내 나름대로의 자기주도 학습체계를 구축하게 되어 일본어, 중국어로 범위를 넓히는 데도 같은 방법을 적용할 수 있었다.

우리가 많은 시간을 들여서 영어공부를 하고도 간단한 회화도 잘 못하는 것은 듣지 못한 것이 원인이라는 생각에서 확실히 듣기만 한다면 예스와 노만 가지고도 웬만한 답변을 할 수 있다는 결론을 내리고 카세트테이프를 반복해서 들으면서 받아쓰고 책과 대조하는 연습을 계속한 결과 놀랄 만한 속도로 회화능력이 향상되는 자신감을 갖게 되었다.

여기에 업무를 할 때는 업무에 관련된 용어를 익혀 두면 영어로 업무를 하는 데도 별 어려움이 없었다.

일본어는 일본어 책과 카세트테이프를 사다가 자습서에 번역된 문장을 일본어로 작문하는 연습과 테이프를 들으면서 받아쓰는 연습을 하고 EBS 일본어 프로그램을 녹화한 것을 반복 시청하면서 받아쓰기를 한 결과 일본어 능력시험에서 2급, 1급을 차례로 획득함으로써 이런 자기주도 학습방법이 객관적 평가를 받을 수 있다는 확신을 갖게 되었다.

공장을 중국으로 이전하게 됨에 따라 중국어 공부를 하게 되었는데 이번에는 자습서에 나와 있는 번역문장을 영어와 일본어로 번역하는 연습을 하면서 그 문장을 이면지에 적어 놓고 4등분 쪽지로 접어서 와이셔츠 주머니에 넣고 다니면서 한가한 시간에 3개 외국어 작문연습을 했다.

번역할 때 정확한 문법을 구사하기 위해 작문해야 할 키워드를 사전에서 찾아 사전에 나와 있는 예문을 적어 놓음으로써 정확한 작문연습이 되도록 했다.

이런 작문연습 쪽지는 3개 정도 넣고 다니면서 시간 날 때마다 작문연습을 하다가 어느 정도 익숙해지면 침대 옆 테이블 위, 작은 상자에 꽂아 놓았다가 잠자기 전이나 자다가 깨어서 잠이 오지 않을 경우 다시 잠들 때까지 상자 앞쪽에 꽂혀 있는 쪽지부터 틀린 것은 표를 하면서 작문연습을 하고 공부가 끝난 쪽지는 상자 뒷자리에 꽂아 넣었다. 다음번에 틀리면 또 표를 해 시간이 경과해도 다 맞을 때까지 연습했으며, 연습이 완료된 상자는 별도의 서랍장에 보관해 두었다. 이런 습관 때문에 불면증으로 시달려 본 일은 없었다.

이렇게 해 중국어 능력 시험문제집(HSK)을 5년에 걸쳐서 영어, 일본어로 번역하면서 작문연습을 완료하고 이제까지 내가 보던 어학 관련 모든 책과 사전, 테이프 등을 회사로 가져가서 필요한 사람들에게 전부 나누어 주었다.

이렇게 하여 내가 하고자 하는 표현을 3개 외국어로 말할 수 있는 최소한의 기본 실력은 되었다고 보고, 이제부터는 듣는 연습을 할 생각에서 책과 테이프, 사전을 없애버리고 백지상태에서 EBS 라디오와 TV를 보면서 필요한 문장을 받아쓰고 쪽지를 만들어서 작문연습을 시작했다.

은퇴 후에는 캐나다에 사는 친구 부부와 같이 800Km의 스페인 산티아고 순례 길을 200Km는 기차를 타고 관광하고 100Km는 발에 문제가 생겨 버스로 이동해 한 달간 500Km를 걷기도 했다. 스페인에서는 영어가 통하지 않아 불편한 여행을 한 경험을 해서 다음번 중남미 여행을 할 때는 스페인어를 모르면 안 되겠다는 생각에서 스페인어를 시작했는데 영어와는 문법체계가 완전히 다르기는 하지만 그런대로 할 만했다.

은퇴 후에도 자기주도 학습방법은 계속되었으며 이 방법은 내 자신이 만든 평생학교인 셈이다.

1등 줄기세포

내가 중학교를 재수하기 위해 초등학교 6학년을 다시 들어가 엄한 선생님을 만나서 공부하던 때 어느 날 분수시험을 100점 맞아 1등을 해서 1분단에 올라가게 되었다.

우리는 등수별로 분단자리를 정해 앉고 1분단은 90점, 2분단은 80점, 3분단은 70점 하는 식으로 책임점수를 정해 시험을 본 후 책임점수에 미달하면 기합을 받곤 했다. 이제까지는 3분단에서 헤매던 내가 갑자기 1분단에 올라가게 되어 그 주에는 매일 기압 받느라 혼이 나서 다음번 자리를 정하는 시험에 일부러 이름을 적지 않아서 꼴찌를 하게 되었다.

그런데 꼴찌 5등까지는 별도 분단을 만들어 앉히고 이 분단 애들은 기합을 안 주기 때문에 다음 주에는 기합을 안 받아도 되겠다는 안도감으로 다음 주를 맞이하게 되었다.

그러나 다음 주 시험을 보고 책임점수 미달한 애들을 모두 기합을 주고 난 후에 나를 별도로 불러내어 기합을 주시면서 하시는 말씀이 "너는 1분단에서 왔으므로 1분단 대우를 하겠다." 하시는 것이었다.

이렇게 해서 기합을 모면하려고 잔머리 굴리다가 더 이상 갈 데가 없어서 하는 수 없이 공부를 열심히 해서 1분단을 계속 유지하게 되었고 중학교에 진학했다.

어떤 상황에서든지 1등을 하면 1등 줄기세포가 생겨서 할 수 있다는 자신감을 갖게 되어 하고자 하는 의욕이 생기며 이러한 의욕이 성취될 때 줄기세포는 진화를 거듭하게 되는 것이다. 그러므로 어떤 상황에 처했을 때 자기가 할 수 있는 일이 무엇인가 찾아내서 모든 잠재력을 집중시켜 성취할 때 줄기세포가 생기는 것이다.

군중 속의 로빈슨 크루소

나는 나이 50세가 되기 전까지는 일하느라 건강을 돌볼 겨를이 없었는데 기본적으로 체력이 약하기 때문에 이를 보완하기 위해 어릴 적 동네 친구와 몇 명 친구를 제외한 개인적인 인간관계를 끊기 시작했다.

100세 장수시대라고 해서 마냥 기뻐할 일만은 아니다. 이를 뒷받침할 체력과 돈이 있어야 장수시대를 잘 소화하며 살 수 있는 것이다.

지연, 학연 등 인간관계와 무관하게 자립해 독자적으로 살 수 있도록 로빈슨 크루소와 같은 심정으로 혼자 소화하며 사는 방법을 터득해야 하는 것이다.

그렇다고 해서 찾아오는 인간관계를 배척하자는 것은 아니다. 단지 지속하지 않을 뿐이며 언제 어디서나 그 환경에 잘 적응하려는 노력은 하고 있다.

44년 평북 용천에서 천석꾼의 막내로 태어나서 8.15 해방을 맞고 공산치하가 되면서 지주라고 해서 모든 토지를 몰수당해 남한에 내려와서 한국전쟁을 맞이했다. 부산에 피난 내려와 초등학교를 졸업하고 그 이후에는 서울에서 살았으며, 언제 어디서든 내가 있는 자리가 우리 집이요 고향이며 천국이라는 생각으로 살아왔고, 여기서 죽으면 천국에서 죽는 셈이니 여한이 없다는 생각으로 살아왔으므로 지연이나 학연 같은 인맥에도 별 관심 없이 살아왔다.

다행히도 아내를 잘 만나서 이런 뒤떨어진 나의 사회성과 문화면을 잘 보완해 주느라 큰 짐을 지게 되어 고맙기도 하고 미안한 마음 그지없을 뿐이다.

그래서 여러 사람과 같이 있어도 말을 적게 하고 수동적으로 관조하며 사는 방법을 터득하기 시작했다.

혼자 있을 때는 외국어 작문연습 쪽지를 공부하거나 휴식 또는 잠을 잤으며 가요 가사를 외어서 나 홀로 노래방이 되어 노래 부르면서 등산할 때나 무료한 시간에 언제 어디서든 혼자 시간을 보내는 방법이 한 가지 더 늘게 되었다. 그리고 더 나아가서는 외국 가요도 몇 개국 가요를 연습해 두어 해외여행 중에 더러 만나는 외국 여행객에게 그 나라 가요를 불러주면 친근감 있는 한때를 보내기도 해서 나 홀로 생활범위가 좀 넓어졌다.

유네스코의 국제민간친선교류 프로그램인 서바스(SERVAS) 프로그램에 아내가 회원으로 가입되어 있어서 우리 집에서 외국 방문객이 우리 상황에 맞게 숙박을 하거나 데이 호스트로 관광안내를 하고 우리가 외국에 갈 때는 해당국의 서바스에 연락해 회원 집에서 숙박하거나 데이 호스트를 받는 경우도 있었다.

이런 계기로 일본 삿포로에 있는 은퇴교사 집을 방문해 하룻밤을 묵으면서 손수 밀을 재배해 만든, 세상에서 제일 맛있는 통밀빵을 먹으면서 이제까지 살아온 이야기를 서로 나눌 수 있었고, 큐슈에는 아내와 딸 그리고 장모님이 방문해 일본 가정에서 데운 물 난방기구인 유단보로 겨울을 지내는 경험을 하기도 했다. 또 이분들이 우리 집을 방문해 노래도 부르고 김치 담그는 법도 배워간 적도 있으며, 폴란드에서는 부부교수가 방문해 지정학적으로 우리와 비슷해 강대국 사이에서 설움을 당했던 얘기를 들려주기도 했다.

서바스 활동으로 외국인을 만나서 연습해 두었던 그 나라 가요를 불러주면 짧은 만남이지만 훨씬 부드럽고 인상 깊은 대화를 할 수가 있었다.

　군중 속에서도 로빈슨 크루소의 심정으로 살아가는 방법이 오히려 IT 시대에 유비쿼터스 개념으로 언제 어디에도 구속됨이 없이 살아가는 한 방법일 수도 있다고 생각된다.

건강과 섭생

　중학교를 들어가기 위해 초등학교 6학년에 다시 들어가게 되었는데 그때 스파르타식 선생님을 만나서 매일같이 시험 보며 채찍으로 맞는 지옥 같은 생활 속에서 신경성 위장병을 얻게 되었는데, 이로 인해 성인이 될 때까지 우리나라에서 나온 거의 모든 종류의 위장약을 다 먹어 보게 되었다.

　그리고 고등학교 시절에 급성 신장염을 앓고 나서 신장에 관한 관심이 많아졌는데 가수 배호가 신장병으로 가는 것을 보고 이 병에 대한 심각성을 인식하기 시작했으며 신장에 좋다는 식품을 챙겨 먹고 항상 싱겁게 먹는 습관이 생겼다.

　그러던 것이 40세 중반을 넘어서 만성 피로증과 빈혈에 시달리면서 유기농 채소와 현미를 주축으로 하는 자연건강법을 시작하게 되었고, 매실 엑기스를 만들어 먹기 시작했다. 그리고 울산에 내려온 이후에는 감식초를 담가 먹기 시작했으며 곶감도 만들어서 연중으로 먹고 있다.

이렇게 10여 년 지내는 동안 체중은 10Kg이 빠져 68Kg이 되었으며 어느새 위장병은 사라졌으나 만성피로증과 빈혈은 여전했다.

그래도 꾸준히 채식 위주의 식생활을 지속해 60세가 넘어서도 체중은 62Kg이 되었으나 만성피로증과 빈혈은 여전했으며 혈압도 90~130은 개선되지 않고 변화가 없었다.

그러나 여러 해 동안 시행착오를 겪어가며 운동요법으로 혈압을 잡은 다음부터는 섭생에서 이제까지 하지 못했던 물 마시는 권장량을 채워보기로 방향을 잡고 식사 후에 차와 간식 등을 하고 식간에는 물 마시는 이외에는 아무것도 먹지 않으므로 치아관리에도 도움이 된다는 생각으로 계속하고 있다. 그리고 아침식사는 이제까지 주로 과일만으로 해 왔는데 여기에 양파와 양배추를 삶아서 믹서에 갈아서 매실 엑기스와 감식초를 가미해 마시면 꾸준히 섭취하기 어려웠던 양파와 양배추의 공급체계가 정리된 셈이다.

건강과 운동

50대에 이르기까지 피로가 누적되곤 해 휴식과 잠자는 데 많은 시간을 보냈으며 별도로 시간을 내서 운동하는 데까지는 여유가 없었다.

그러던 중 목을 돌리면 삐거덕거리는 소리가 나서 병원에 가서 체크해 보니 운동부족이라는 진단이 나왔다. 그래서 잘 생각해 보니 차에 네비게이션을 달고 나서부터는 고개를 돌릴 필요가 없어서 생긴 병으로 맨손체조를 해 봤는데 체조하는 것만으로도 피로를 느낄 정도였다.

그래서 등산을 시작했고 퇴근할 때는 걸어서 아파트 계단을 오르기 시작했으며 팔굽혀펴기를 시작했다. 이것도 늘 할 수는 없었고 힘이 들 때는 며칠씩 걸러 가면서, 그러나 꾸준히 하려고 노력은 했다.

이렇게 해서 팔굽혀펴기 10회를 하게 되기까지 10년이 걸렸다. 빠르지는 못해도 느리게라도 할 수 있다는 자신감을 가지기 시작했으며 20회를 하게 되기까지 또다시 10년이 걸렸다.

나이 60세를 넘어 혈압이 90~140이 되면서 혈압 약을 복용하라는 의사의 권고가 있었으나 평생 약을 복용하느니 식이요법과 운동요법으로 잡아 보겠다는 생각으로 노력하였으나 좀처럼 개선되지 않았는데 드디어 70~110까지 내리는 데 10여 년이 걸렸으며 땀을 내서 운동을 해야 가능하다는 점을 알게 되었다.

은퇴 후에 산티아고 순례길 500Km를 걷고 나서부터는 근력강화에 중점을 두고 균형 있는 체구를 만들 생각으로 특히 허벅지 근육을 강화시키기 위해 시간 날 때마다 기마자세를 유지하는 연습을 자주 하곤 했는데 지루해 오래 하기가 힘들어서 세면장에서 세면하면서 기마자세를 하고 항문 조이기를 동시에 하면 지루하지도 않고 운동시간도 채울 수 있고 운동효과도 가시적으로 확인할 수 있었다.

　무릎관절에 문제가 생긴 지는 오래 되어 침도 맞고 한방 양방 등을 두루 시도해 보았으나 근력 강화하는 방법이 그런 대로 시간은 걸려도 좋은 방법이라 생각되어 기상과 동시에 내가 잠자고 난 이불의 양쪽 모퉁이를 가지런히 정돈하고 나오는 것이 하루 일과의 시작인데 아내도 마찬가지로 자기 쪽을 정리하는 것이 습관이 된 지도 오래다.

　그리고 거실에서 텔레비전 시청도 하면서 반듯이 누어서 무릎이 나쁜 다리를 곧장 펴고 15도 정도 올리고 발가락을 위로 당긴 상태로 5분 동안 복근운동과 항문 조이기를 하면서 버티고 다리를 내린 다음 한쪽 발을 다른 쪽 엄지발가락 위에 얹고 누른 상태로 발가락 스트레칭을 하면서 1분간 누르다가 다시 처음부터 반복하고, 그리고는 팔굽혀펴기 운동과 간단한 아령운동을 하고 맨손체조는 아침식사 후에 하면 배변을 용이하게 하므로 습관을 들이면 생활리듬을 유지하는 데 많은 도움이 된다.

　그리고 옷을 갈아입을 때마다 외국어 카세트테이프를 들으면서 때밀이 수건으로 건포마찰을 하고 있는데 이때도 기마자세와 항문 조이기를 하면서 하고 있다. 전에는 냉수마찰을 했으나 여름에만 가능하고 지속하기가 번거로워서 건포마찰로 바꾼 것이다. 저녁식사 후에는 오르막 내리막이 있는 아파트 주변을 40분 정도 땀이 나게 걷고 있는데 하체 허벅지 근력 강화에 많은 도움이 되는 것 같다.

건강과 질병

중학교를 재수해 들어가느라 초등학교 6학년을 다시 들어가서 매일 채찍으로 맞아가며 공부하다 생긴 신경성 위장병은 그 후 나이 50세가 될 때까지 나를 괴롭혀 왔지만 식이요법으로 이 증세가 없어지고 대신 비염이 생겨서 미열과 함께 나른할 때가 많았고 자주 코감기에 시달리곤 했다.

이와 더불어 만성피로증과 빈혈은 집중력을 떨어뜨려 많은 시간을 휴식과 잠으로 해결하지 않으면 안 되었다. 한방과 양방을 꾸준히 시도해 보았지만 뾰족한 방법을 찾지 못했는데 근본적으로는 면역력의 문제라는 데에 초점이 맞춰지고 나서 식이요법과 운동요법을 몇 년간 병행한 결과 증세가 많이 호전되어 생활하는 데 자신감이 생기게 되었다.

현재 건강검진 수치상으로는 완벽한 수치를 나타내고 있으며 몸 컨디션도 전보다는 상당히 좋아졌다는 느낌이다.

슬로 라이프(Slow life)

은퇴하기 5년 전에 살고 있던 회사 사택이 울산 청량면 산 속에 있었는데 주거환경이 아이들을 키우는 학부모가 살기에는 교통이 불편하고 학군이 나빠서 인기가 없는 곳이지만, 나 같은 사람이 은퇴해 살기에는 공기도 좋고 조용하다. 무엇보다도 중요한 것은 아파트 앞에서 왕복 2시간 코스로 회야 댐과 연결되는 등산로가 있어서 은퇴 후에도 여기서 살 생각으로 전망 좋은 위치를 물색해 두었다가 매수했다.

서울 전세 값에도 훨씬 못 미치는 가격이지만 산 위에 지어져 있어서 내려다보이는 낮은 야산들이 가물가물 보이고 맞은편에는 여스님 도롱뇽 사건으로 유명한 천성산이 마주하고 있으며 그 터널 속으로 KTX 고속열차가 지금 아무 문제없이 다니고 있다.

그런데 우리 집 13층에서 마주 보이는 산 절개지에는 꽃을 피우는 식물이 전무해 봄이 되어도 꽃구경을 할 수가 없어서 우리 집 정원을 가꾼다는 생각으로 야생화 씨앗을 사다가 뿌리고 벚나무 묘목도 10여 그루 심었으나 1년이 지나도 야생화는 보이지 않아서 실망했는데 2년째 되던 해에는 몇 그루씩 무리 지어서 피기 시작해 용기를 내서 코스모스를 비롯해 다른 야생화 씨앗을 사다가 이번에는 씨앗을 심는 방법을 달리 했다.

전에는 씨앗을 그냥 뿌렸는데 발아율이 낮다고 생각되어 이번에는 공을 들여 씨앗을 심는 방법을 생각해 내었다. 절개지 위에는 야외 풀장이 있는데 폭우에 산사태가 날 우려가 있다고 해서 몇 년 전부터 사용을 중지해 여기에 낙엽이 쌓여 퇴비가 되고 그 위에 잡초가 자리를 잡기 시작하고 있었다.

이 낙엽퇴비를 떠다가 절개지의 잡초 위에 두껍게 깔고 그 위에 흙을 넉넉히 뿌려 씨앗이 발아되기 쉽도록 군데군데 거점을 만들면 전보다는 훨씬 야생화가 잘 퍼질 것이라고 생각하고 등산할 때마다 거점을 하나씩 만들기 시작했다.

이렇게 뿌린 씨앗은 비가 오면 바로 싹이 터서 자라기 시작하지만 8월에 들어 심었기 때문에 월동을 어떻게 하는지도 궁금해 시도했는데 일조량이 줄어들어 잘 자라지도 않고 10cm 정도 자랐는데 꽃이 피는 것을 보니 가히 종족번식의 본능을 이해할 것 같다.

그런데 어느 날 풀장에서 퇴비작업을 하고 있는데 새끼고양이가 놀라서 잡초 속으로 숨고 있었으나 별 생각 없이 거점작업을 하고 집에 와서 고양이가 왜 풀장에 있었는지 갑자기 궁금해졌다.

새끼고양이가 실족해 풀장에 들어와서 나가지 못하고 있다고 생각하니 불쌍한 생각이 불현듯 들어서 다음날 고양이 사료를 사다가 풀장에 쏟아 놓고 플라스틱 물통도 마련해 놓았다. 그리고 거점작업을 하고 한참 후에 돌아와 보니 새끼고양이가 사료를 조심스레 먹고 있고 어미 고양이가 거리를 두고 지켜보고 있었다. 그런데 이 광경을 사진 찍다가 그만 들키고 말았다.

그 이후로는 낮에는 사료가 그대로 있고 다음날 와 보면 사료가 없어지는 것을 보면 밤에만 먹는 것 같았다.

며칠 후에 가 보았더니 새끼고양이를 돌보는 사람이 또 있는 것 같았다. 풀장 벽을 의지해 사과 박스로 고양이 집을 지어 놓고 사료 캔도 보였다.

그런데 며칠 후 들고양이를 위해서 고양이 집을 짓고 있던 주부가 돌에 맞아 사망하는 사건이 나고 나서, 새끼고양이의 운명은 주어진 환경에 맡기기로 하고 새끼고양이 지원 사업은 그만 중단하기로 했다.

은퇴 이후의 삶은 조급히 서두를 일이 없다는 생각에서 생활 리듬을 한 템포 씩 내리기로 했다. 주부는 살림을 하는 데 승용차가 필요하므로 집에 있는 차는 아내의 몫이고 나는 운동량을 늘리기 위해 대중교통을 이용하고 있는데 이용해 보니 대중교통을 이용해 전국 어디에나 갈 수 있도록 체계가 잘 되어 있어서 놀랐다.

아침 일찍부터 서두를 필요가 없다는 생각에서 저녁에 면도를 하고 있으며 그것도 전기면도기 대신에 그동안 출장 중에 쓰다 모아 놓은 일회용 면도기를 쓰고 있는데 오래 쓰면 4, 5개월씩 쓰는 것도 있었다.

2015년 8월 15일 새끼 고양이가 사료 먹는 모습.

2015년 9월 8일 뿌린 씨앗에서 피어난 코스모스.

그리고 튜브 용기에 담겨 있던 치약이나 화장품을 다 쓰고 나면 튜브 용기를 잘라서 남아 있는 것을 써보니 한동안 쓸 수가 있었고 또 재활용하는 데도 도움이 된다고 생각한다.

집안에서 운동량도 늘이고 '물도 절약하겠다'는 의미로 주방과 세면장에 회수용 플라스틱 물통을 놓아두고 세면대에는 플라스틱 용기를 놓아 물을 받아쓰고 주방과 세면장에서 사용한 물은 회수해 소변 후 처리하는 데 재활용하기로 했다. 음식점에서 주는 일회용 물티슈도 쓰지 않을 때는 모아 두었다가 가구를 닦는 데 쓰거나 청소기 내부를 청소하는 데도 쓰고 물로 세탁해 말리면 화장지로 한 번 더 쓸 수가 있었다.

한 번 사용한 건전지도 배터리 체크로 잔량을 점검하면서 충전기로 충전하면 3, 4회는 더 쓸 수가 있었고 겨울에는 유단보로 이불 난방을 하면 훨씬 따뜻한 겨울을 날 수가 있었다.